AF254193

LÉON PERVINQUIÈRE

LA TRIPOLITAINE INTERDITE
= GHADAMÈS =

LA TRIPOLITAINE
INTERDITE

GROUPE DE GHADAMSIENS, NÈGRES ET TARGUI.

LÉON PERVINQUIÈRE

LA TRIPOLITAINE INTERDITE

GHADAMES

OUVRAGE ILLUSTRÉ
DE 55 GRAVURES TIRÉES HORS TEXTE
ET DE DEUX CARTES EN NOIR

PARIS
LIBRAIRIE HACHETTE ET Cie
79, BOULEVARD SAINT-GERMAIN
1912

A M. ALAPETITE
Ministre plénipotentiaire,
Résident général de France en Tunisie.

AU COLONEL FOUCHER
Commandant militaire des Territoires du Sud de la Tunisie.

CE LIVRE EST DÉDIÉ
EN TÉMOIGNAGE DE RECONNAISSANCE

LA
TRIPOLITAINE INTERDITE
GHADAMES

CHAPITRE PREMIER

DANS LA DJEFARA

La délimitation de frontière entre la Tunisie et la Tripolitaine;
les Commissions. — Départ de Gabès. — Ksar Medenine. —
Aspect de la Djefara. — Le pays des ksour. — Valeur économique du Sud tunisien. — Foum Tataouine. — Dehibat.

GHADAMES! Quelle fascination ce nom a exercé
sur tous ceux qui ont vécu dans le Sud de
l'Algérie et de la Tunisie! Moi-même, dans mes
précédents voyages, j'avais ressenti quelque chose
de cette attirance en écoutant les récits de mes
chameliers autour du feu de camp ou en causant
avec les officiers des Affaires indigènes, après une
journée passée à chatouiller de mon marteau l'épi-
derme des pays désolés qu'ils administrent. Siegfried,
s'élançant pour délivrer la Walkyrie endormie sur
son rocher, au milieu d'un cercle de feu, n'avait pas
au cœur un désir plus ardent que ces hommes

(1)

jeunes et audacieux, brûlant de l'espoir d'éveiller à la civilisation cette antique cité, endormie au sein des plaines calcinées et des sables incandescents qui en défendent l'approche. Dame Administration veillait, duègne austère, et il était interdit de dépasser l'Oued Djeneien, de peur de complications diplomatiques avec la Turquie. C'est moi qui devais réaliser le rêve. Un samedi de février 1911, sur le coup de midi, j'appris que j'étais mis pour deux mois à la disposition du ministère des Affaires étrangères et qu'il fallait partir le lendemain soir. *Allah akbar!* Le surlendemain, je débarquais à Tunis où j'apprenais le but précis de ma mission.

Par un de ces phénomènes de mirage, si communs en ces pays, les immenses solitudes du Sud tunisien apparaissaient à certains comme un Eldorado, dont le sol était pavé de nitrates, de même que la chaine de Gafsa est bourrée de phosphates. Toutefois, comme personne n'y était allé voir, il y avait des sceptiques. A vrai dire, une grande mission commerciale avait été organisée, mais elle avait dû se disloquer, après des péripéties diverses, et son chef mourait du typhus à Dehibat, la veille du jour où j'y arrivais.

Dans ces conditions, M. Alapetite, Résident général de France en Tunisie, jugea opportun d'adjoindre un géologue à la Mission de délimitation de frontière entre la Tunisie et la Tripolitaine, ainsi que le lui proposait le colonel Foucher, alors chef du Service des Affaires indigènes. Qu'il me soit permis de leur adresser ici mes remerciements les plus respectueux pour l'honneur qu'ils m'ont fait en me confiant cette Mission. Si je n'ai pas rapporté de nitrates dans mes cantines, j'ai, du moins, recueilli un ensemble d'observations géologiques et géographiques et pris un bon nombre de photographies, qui ont déjà cet intérêt d'être les premières faites à Ghadamès. Laissant de côté tout ce qui aurait un caractère technique, je me propose de décrire très simplement l'aspect des confins de la Tunisie et de la Tripolitaine; mais, tout d'abord, il me paraît utile de dire quelques mots de la Mission de délimitation et des faits qui l'avaient rendue nécessaire.

Jusqu'à l'année dernière, la frontière entre la Tunisie et la Tripolitaine était restée imprécise. L'autorité des beys de Tunis n'était pas assez fortement établie pour se faire sentir, de façon sérieuse, jusqu'aux extrémités de la Régence; de fait, la puissante confédération des Ouerghamma, qui occupe le pays au sud de Gabès, était presque indépendante. Les beys avaient bien envoyé, une fois ou l'autre, une méhalla pour les réduire, mais pas toujours avec succès, et leur suzeraineté était plus nominale que réelle. Comme on ne pouvait obliger cette tribu à payer l'impôt, on l'en avait exemptée, à charge pour elle de défendre le pays contre les incursions et les brigandages des Tripolitains, des Touareg et des Chaambba. Ces marches tunisiennes remplissaient d'ailleurs leur fonction d'une manière satisfaisante et protégeaient les contrées où l'autorité beylicale s'exerçait de façon effective. Les Ouerghamma étaient toujours en guerre avec quelque tribu tripolitaine, quand les fractions ne se battaient pas entre elles; aussi les anciens auteurs avaient-ils qualifié de « pays de la discorde » la contrée qui s'étend au sud de Gabès. Comme la guerre et le brigandage régnaient de façon endémique, les habitants avaient couvert le sol de villages fortifiés, de *ksour*, où ils s'enfermaient en cas d'alerte et où ils serraient leurs récoltes. Quelques-uns de ces ksour sont construits en plaine, mais la plupart sont perchés sur des pitons presque inaccessibles. Notre domination a rendu inutiles toutes ces forteresses et la plupart tombent en ruines. Ces ruines, qui impriment à la région un caractère si pittoresque, évoquent invinciblement l'image des châteaux féodaux. Nulle part l'impression ne serait plus vive qu'à Ksar Beni Ikhzer, si le minaret d'une mosquée voisine n'ajoutait une note caractéristique. Les habitants m'ont narré avec orgueil les péripéties du siège qu'ils subirent, en 1875, contre les troupes du bey Mohammed es Saddok. Sidi Selim, qui commandait la méhalla beylicale, dut se replier en abandonnant deux canons. Les défenseurs sont encore fiers de ces hauts faits. Près de l'unique porte du ksar, ils m'ont montré un de ces canons, ainsi que de nombreuses traces grises laissées par les balles qui sont venues s'écraser sur la muraille. Le respect de la vérité m'oblige à déclarer que plusieurs de ces traces de balles m'ont paru être, tout simplement, des taches naturelles d'oxyde de manganèse. Il n'en est pas moins vrai que les Ouerghamma étaient les vrais maîtres du pays où ils exerçaient des droits féodaux dont certains n'ont disparu qu'après notre occupation.

Celle-ci progressa assez timidement dans le Sud. Douirat resta longtemps notre poste le plus avancé; il fut ensuite remplacé par Tataouine, puis l'on reconnut la nécessité d'en créer d'autres, car le territoire à surveiller était vaste, et nos administrés étaient fort turbulents. Les Ouerghamma renonçaient difficilement à leurs habitudes de rapines, et il était parfois difficile de les maintenir sur leur territoire, de les empêcher d'aller piller leurs voisins. Au surplus, les Tripolitains, surtout les Cianes et les Nouaïls, profitaient de l'immobilité que nous imposions à nos protégés pour venir les razzier en plein territoire tunisien.

Dans le but de mettre fin à cette situation, on résolut de délimiter la Tunisie et la Tripolitaine. Une Commission se réunit à cet effet à Zouara, en 1893, mais elle aboutit à un échec complet, par suite des prétentions des commissaires tripolitains, qui réclamaient tout le territoire situé à l'est d'une ligne allant de la mer des Biban à la petite oasis de Remada. Sur de telles bases, l'accord était impossible, aussi les commissaires se séparèrent-ils après deux mois de vives discussions. Cette tentative eut cependant un bon résultat, en ce sens qu'elle décida le gouvernement français à faire occuper tout le territoire habité par nos protégés. Ainsi fut créée, de 1894 à 1897, une série de petits postes jalonnant la longue dépression d'el Mogta.

Malgré la surveillance exercée par ces postes, les pillards tripolitains réussissaient encore, de temps à autre, à franchir la frontière pour venir molester nos gens, impatients de se sentir retenus sur leur territoire et de ne pouvoir poursuivre leurs ennemis héréditaires. D'autres fois, ceux-ci venaient en Tunisie labourer ou faire paître leurs troupeaux. Il en résultait des contestations, parfois des batailles véritables. Nos officiers des Affaires indigènes s'efforçaient de ramener la paix, mais à maintes reprises ils durent monter à cheval, à la tête des cavaliers du makhzen ou mokhaznia, pour refouler les envahisseurs. L'un d'eux usa de ruse avec plein succès. En 1896, un groupe important de Tripolitains, 200 tentes environ, s'étaient tranquillement installés en Tunisie, près de Sidi Toui, dans le but de cultiver les terres voisines, au grand dommage de nos administrés. Les officiers de Medenine et de Tataouine réunirent un goum important pour marcher contre eux. Avant d'engager une action qui pouvait entraîner des difficultés, on tenta un stratagème qui n'était pas sans risque. Les mokhaznia de Tataouine avaient pour chef le bach-chaouch Lazloug, homme énergique et plein de ressources. Avec quelques-uns de ses hommes, il s'introduisit de nuit dans le douar tripolitain et réussit à enlever bon nombre de chevaux sans donner l'éveil. Les envahisseurs furent déconcertés par ce trait d'audace et repassèrent d'eux-mêmes la frontière.

Tous les incidents ne se terminèrent pas si heureusement; à diverses reprises, il y eut des morts. Depuis quelques années, les contestations portaient principalement sur les territoires du Sud. Entre Dehibat et la mer, l'emplacement de la frontière était à peu près connu; au sud de Dehibat, l'incertitude était complète. Pour éviter toute cause de conflit, une entente avait été conclue en 1900, d'après laquelle les autorités tunisiennes et tripolitaines s'interdisaient d'occuper la zone saharienne et d'y faire pénétrer leurs troupes jusqu'à attribution définitive et délimitation des territoires contestés. Il en résulta une anarchie complète : les caravanes n'osaient plus traverser ces territoires et les nomades hésitaient à y mener leurs troupeaux, puisqu'ils ne pouvaient attendre aucune protection.

Si nos officiers observèrent scrupuleusement la convention, il n'en fut pas de même des autorités tripolitaines, dont les zaptiés (sortes de gendarmes) parcouraient l'arrière-pays et faisaient de fréquentes apparitions aux puits de Zar et de Montecer; ils avaient même construit une petite redoute près du premier. En 1905, une centaine de tentes tripolitaines vinrent se dresser au puits de Montecer; après un combat où ils perdirent un homme et tous leurs chameaux, nos protégés durent battre en retraite. Cette même année, un officier géodèse était reçu à coups de fusils par les Tripolitains.

Les choses s'envenimèrent encore en 1907 et 1908. Après une tournée dans le Sud, le Résident général avait résolu de doter du télégraphe les postes de Dehibat et de Djeneien; on décida ensuite de construire une piste entre ces deux postes. Les gens d'Ouezzen, petite bourgade tripolitaine située près de la frontière, voulurent s'y opposer par la force; ils étaient commandés par un sous-officier tripolitain. Les cavaliers de la poste furent attaqués à diverses reprises sur la piste, où les patrouilles turques venaient constamment molester nos travailleurs. Les faits s'aggravèrent dans les derniers jours de 1909 et les premiers de 1910. Le commandant Donau, commandant supérieur des Territoires du Sud, était venu se rendre compte de la situation; accompagné du lieutenant Sajous, qui com-

mandait alors le poste de Dehibat, et d'une centaine
de cavaliers, il faisait une reconnaissance sur notre
piste, lorsque, en face d'Ouezzen, il fut accueilli par
un feu rapide effectué par une centaine de soldats
turcs, abrités derrière les crêtes. Circonstance aggra-
vante, ces derniers étaient commandés par un officier turc. Nos hommes ripostèrent avec énergie, et
on fit avancer les spahis restés à Dehibat, mais on
se borna à exécuter quelques feux de salve et on
renonça à poursuivre les Turcs sur leur territoire,
afin de laisser tous les torts de leur côté. Peu après
fut envoyée à Dehibat une forte colonne commandée
par le général Desorthès, ce qui suffit à ramener le
calme.

Après de semblables événements, la Porte ne
pouvait plus éluder notre demande de délimitation
de frontière dont elle avait accepté le principe en
1909. Aussi, à la fin de janvier 1910, un accord fut-il
signé entre les Gouvernements français et ottoman
pour régler définitivement le différend. Seulement,
la Porte n'ayant jamais voulu reconnaitre le traité
du Bardo, demanda que nos commissaires fussent
nommés par le Bey, sans doute pour sauver la face
vis-à-vis du parti nationaliste. La Commission française était présidée par M. des Portes de La Fosse,
conseiller d'ambassade, délégué à la Résidence générale à Tunis; elle comprenait le commandant
Le Bœuf, auquel de longues années de Sud avaient

donné une compétence spéciale, le capitaine Meullé-Desjardins, qui avait dirigé les levers de la carte de la zone frontière, et le cadhi du Djebel el Abiodh : Es Seghir ben el Hadj Mansour el Mokdenini. L'officier interprète Michal leur était adjoint; il joua un rôle important dans la préparation du formidable dossier sur lequel fut appuyée la discussion. Quant au cadhi de Tataouine, il n'était pas là seulement pour donner un cachet bien tunisien à la Commission; c'est un homme très renseigné dont les indications ont été plusieurs fois utiles. La Turquie avait envoyé également quatre commissaires : S. E. Rechid bey, conseiller légiste de la Sublime-Porte, S. E. le général Tewfik pacha, inspecteur général des Écoles militaires, Daoud effendi, directeur de l'Instruction publique du vilayet d'Alep, et le lieutenant-colonel Djemal bey.

La Commission se réunit à Tripoli de Barbarie en avril 1910. Au début, les commissaires ottomans émirent les mêmes prétentions qu'en 1893, à Zouara, et revendiquèrent toute une partie du Sud tunisien. Nos commissaires répondirent que ce pays dépendait de la Tunisie, qu'il était occupé par nous depuis des années et qu'il ne pouvait être question de l'évacuer. De notre côté, nous reconnaissions aux Turcs la possession des points occupés par eux : Nalout, Ouezzen, Sinaoun, Ghadames. Nous avons eu la faiblesse autrefois de ne pas nous opposer à l'occupation de cette oasis saharienne, en 1842, et nos commissaires se trouvaient devant une situation acquise sur laquelle ils ne pouvaient revenir.

La discussion se poursuivit pendant un mois sans avancer, étant donnée l'irréductibilité des deux thèses. La nôtre fut particulièrement soutenue par le commandant Le Bœuf, qui apporta une documentation aussi riche que variée. Il avait d'ailleurs en Rechid bey un adversaire avec lequel il fallait compter et qui savait trouver le point faible d'une argumentation ; à l'appui de sa thèse, il apporta jusqu'à des atlas français où la frontière était inexactement tracée. Un jour, les commissaires ottomans abandonnèrent leur point de vue ; après quelques concessions de notre part, un accord fut signé, le 19 mai 1910, réglant, en principe, le tracé de la frontière.

Celle-ci se développe entre la Méditerranée et Ghadamès, sur une longueur de 480 kilomètres. Elle part de la Méditerranée, au Ras Adjedir, remonte deux larges dépressions, connues sous les noms de Mogta et de Khaoui Smeïda, atteint le Touil Dehibat, gigantesque borne naturelle qui se voit à plus de 50 kilomètres, passe entre Dehibat et Ouezzen, oblique vers les deux puits de Zar, dont l'un est en Tripolitaine et l'autre en Tunisie, puis se dirige vers le puits de Mechiguig ou d'Imchiguig, qui reste en Tripolitaine. A partir de ce puits, la frontière adopte une ligne équidistante entre les pistes de Djenelen à Ghadames et de Nalout à Ghadames, elle contourne la Sebkhat el Melah et vient finir à 15 kilomètres au sud de Ghadames, qui demeure acquise à la Tripolitaine.

Il s'agissait ensuite de reconnaître sur le terrain cette frontière tracée sur le papier (sur des cartes plus ou moins exactes) et de la jalonner par une ligne de bornes, après avoir interprété d'après nature le texte de la convention, quand le besoin s'en faisait sentir. Ce fut l'œuvre d'une deuxième Commission, placée sous la direction du commandant Donau, et comprenant le capitaine Meullé-Desjardins et le lieutenant Lecocq; l'officier interprète Michal remplissait le même rôle qu'à Tripoli. C'est à cette Commission que je fus adjoint *in extremis*.

Attaché depuis de longues années au Service des Affaires indigènes, le commandant Donau est sans doute l'homme qui connaît le mieux le Sud tunisien; nul n'était plus qualifié pour diriger la Mission française. De taille moyenne, la figure creusée par des séjours prolongés dans le Sud, les yeux bleus, voilés par le reflet d'un lorgnon à poste fixe sur le nez, la barbe courte, cet officier supérieur est le type du vrai *blédard*, qui s'est adapté au pays, au *bled*, et sur lequel les petits ennuis de la vie de campagne n'ont pas de prise; il en a vu bien d'autres! La nuit qui a précédé notre départ de Ghadames a été marquée par un coup de vent terrible, qui a arraché nombre de tentes, dont celle du commandant; quand je sortis de la mienne, qui avait heureusement résisté, le camp présentait un aspect insolite: le commandant, dans son lit, dehors, lisait le *Temps!* Il s'était dit que puisqu'on devait décamper une heure ou deux plus tard, ce n'était vraiment pas la peine de faire remonter sa tente. Au surplus, le commandant Donau n'est pas seulement un officier de grande valeur, c'est aussi un savant : passionné pour l'archéologie, il a fait faire à cette science des progrès marquants; j'en citerai un seul exemple : c'est grâce à lui que nous connaissons le cadastre dressé par la III° légion au début de notre ère. Près de lui, j'étais assuré de trouver l'accueil le plus gracieux : n'étais-je pas un peu un confrère qui s'occupe seulement de pierres plus vieilles ?

Le capitaine Meullé-Desjardins était non moins désigné pour faire partie de la Mission; comme chef de brigade topographique, il avait dirigé les levés des dernières cartes de Tunisie, cartes dont on chercherait vainement l'équivalent en France. Nature profondément différente de celle du commandant, il apportait le stimulant aux activités attiédies; son amour de la perfection le poussait à la rechercher en tout, même dans la soupe et dans le café.

Avec la plus grande obligeance, il a mis à ma disposition ses documents topographiques, ce qui a notablement facilité mon travail.

Le lieutenant Lecocq appartenait encore à un autre type; son ardeur juvénile avait besoin de se dépenser et, ma foi, les jours où elle n'avait pas trouvé un aliment suffisant, l'air vibrait aux accents de sa voix. Quand on est aux Affaires indigènes, il faut avoir de l'allant! Dessinateur à ses heures et photographe, il m'a aimablement communiqué deux ou trois des photographies qui illustrent ce volume.

L'interprète Michal est le plus joyeux compagnon de voyage qui se puisse rêver; il rit toujours. Ce grand garçon, solidement charpenté, respire la joie de vivre. Connaissant à fond la langue arabe, il m'a été d'une aide précieuse à Ghadamès, en interrogeant adroitement les indigènes.

A la Mission était attaché le lieutenant Descrouez, qui assumait la double fonction de chef du goum et, chose plus redoutable, de maîtresse de maison; il s'en tirait à merveille. C'était d'ailleurs un charmant compère, très doux et ne demandant qu'à être agréable aux autres.

Outre une centaine de goumiers à méhari, qui escortaient les convois, faisaient la poste, etc., l'escorte comprenait 55 tirailleurs et 8 spahis, sous le commandement d capitaine Calmon et du lieutenant Keyser (*es sultan!*), qui furent non moins aimables à mon égard[1].

En avant de la mission marchaient le capitaine Boué, les lieutenants Lamotte d'Incamps et Vaudein, auxquels incombait la tâche de lever un ruban de terrain de 10 kilomètres de largeur, à cheval sur la frontière présumée; malgré la rapidité du travail, ils s'en tirèrent tout à leur honneur. Souhaitons que leur travail soit continué! Leur rôle était difficile et ce sont eux qui faillirent porter le poids des graves incidents dont il sera question plus loin. J'ai également des obligations au capitaine Boué pour une curieuse photographie qu'on verra par la suite.

A côté de cette Commission de bornage fonctionnait la Commission des titres, composée du capitaine Delom (aujourd'hui commandant), de MM. Bossoutrot, de Chavigny et Pillet. La convention de Tripoli avait pris en considération la propriété collective pour définir la frontière : suivant qu'une tribu payait l'impôt en Tunisie ou en Tripolitaine, son territoire était attribué à l'un ou à l'autre pays. Il se pouvait que des Tripolitains eussent, à titre privé, des droits de propriété sur des terrains désormais placés en Tunisie; ils n'en étaient pas dépossédés pour cela, à la condition d'établir leurs droits. La

---

1. Le lieutenant Keyser vient d'être grièvement blessé à Fez; il a prouvé qu'il n'était pas seulement un aimable compagnon de route, mais qu'il y a en lui l'étoffe des braves.

Commission des titres eut ainsi à examiner la valeur de centaines de titres, dont beaucoup étaient plus que suspects. On vit se reproduire les mêmes faits qu'en 1893, où la Commission de Zouara avait été submergée sous un flot de parchemins, plus ou moins maquillés. Les Turcs avaient, entre autres, présenté un titre de propriété revêtu du cachet du bey de Tunis; en examinant l'acte par transparence, on constata que le texte avait été gratté et modifié. Dans ces conditions, ce n'était pas une petite affaire que de mettre à jour la vérité. C'est chose faite désormais.

La Commission ottomane comprenait le colonel Néchat bey, le major Djémil bey et le capitaine Suleïman Chefket bey. D'allure un peu lourde, le colonel Néchat bey est un officier intelligent et de grande valeur; c'est lui qui est actuellement l'âme de la résistance et qui, avec 5 000 ou 6 000 réguliers, tient tête aux 100 000 Italiens. Malheureusement, il parle fort mal le français et guère mieux l'arabe, ce qui rendait la conversation difficile. Djémil bey, au contraire, connaît fort bien notre langue; il a été attaché d'ambassade à Saint-Pétersbourg et à Téhéran et s'exprime avec facilité; aussi était-ce lui qui menait la discussion. Grand, très blond, la figure joviale, il était très fort sur le champagne et ne redoutait même pas l'absinthe (il est vrai que le vert est la couleur du Prophète).

POSE DE LA 1re BORNE. LE COMMANDANT DONAU S'ENTRETENANT
AVEC LE KAÏMAKAM DE NALOUT. — CL. LECOCQ.

LA LESSIVE DANS L'OUED GABÈS.

Suleïman Chefket bey est de plus petite taille ; figure intelligente, il possède de réelles qualités militaires ; c'était le seul qui sût tirer parti d'une carte. L'escorte turque comprenait un demi-escadron (à pied, parce qu'il était trop difficile de faire boire les chevaux), sous le commandement d'un capitaine très pimpant. Il devait y avoir un médecin ; comme aucun n'était disponible, on l'avait remplacé par un vétérinaire. Tels furent les auteurs de la délimitation tuniso-tripolitaine.

** **

Grâce au chemin de fer et à l'automobile, il ne faut plus longtemps pour aller de Tunis à Gabès. Combien il serait agréable de passer une journée à flâner dans l'oasis ! mais le temps presse et je dois me borner à jeter un coup d'œil sur l'oued où des femmes, des juives surtout, sont en train de laver des étoffes aux couleurs voyantes, qui ne paraissent cependant pas criardes sous ce grand soleil.

Au sortir de Gabès, la route s'élève sur de petites collines qui permettent d'embrasser d'un coup d'œil toute la palmeraie. Quel contraste entre cette végétation luxuriante et le sol qui nous entoure : de jeunes plantations d'oliviers s'efforcent de triompher de la sécheresse ; leur feuillage argenté se détache à peine sur le sol. Teboulbou, Ketena, Mareth défilent successivement, petites oasis verdoyantes où l'œil se repose du gris trop général. Puis c'est Aram avec ses curieuses koubbas, tombeaux des marabouts dont les Mehabel se disent les descendants. Le pays demeure mamelonné, mais rien ne sollicite spécialement l'attention. Le sol est couvert d'une carapace gypsocalcaire, empâtant de nombreuses pierrailles, qui hérissent la surface de ce manteau grisâtre, d'une déplorable uniformité ; les quelques broussailles épineuses dont elle est piquetée affectent elles-mêmes une teinte terne qui les dissimule.

A l'Oued Zeuss, nous pénétrons sur les territoires militaires. Quelques kilomètres plus loin, nous atteignons les vastes ruines de Ksar Koutine (l'antique Augarmi), que les entrepreneurs ont malheureusement transformées en carrière ; de grands travaux hydrauliques assuraient l'irrigation de la vallée fertile d'Oum es Sesser, la vallée « riche en jardins ». Après avoir contourné la taupinière du Tadjera, couronnée par un poste optique qui communiquait avec Gabès, et laissé à droite le petit Ksar Metamer, nous arrivons en vue de Ksar Medenine, où réside désormais le commandant militaire des territoires du Sud. Quelle désolation ! Les oueds, les rivières descendant de la montagne, ont recouvert le sol d'une nappe de cailloutis mal arrondis, qui rendent la marche plutôt pénible. Les Romains avaient qualifié la Crau de *campus lapideus;* pour ces champs de pierres de Medenine, ils ont dû employer le superlatif! Avec cela, pas trace de végétation, en dehors des jardins de Metamer abrités dans un ravin; c'est qu'en effet la terre végétale fait entièrement défaut. Le vent a arraché toutes les particules sableuses, charriées de la montagne avec les pierres, et les a accumulées plus loin en petites dunes; quant aux poussières argileuses, elles se sont envolées, parfois jusqu'en Europe.

A Medenine, nous sommes franchement dans la vaste plaine de la Djefara. Que ce soit une plaine, on n'en peut douter: au sud et à l'est, pas la moindre élévation au-dessus de l'horizon; quant au qualificatif de vaste, qui traduit précisément le mot de Djefara, il est non moins justifié, puisque cette plaine se prolonge en Tripolitaine sans interruption et sans changement d'aspect ni de nom. Dans l'ouest, une haute falaise barre l'horizon de lignes presque horizontales; jusqu'à Dehibat, nous ne la perdrons pas de vue. Cette muraille naturelle, qui enserre la Djefara et la sépare du Dahar, décrit une demi-ellipse qui se développe sur plus de 600 kilomètres, tant en Tunisie qu'en Tripolitaine. A partir de Gabès, elle s'élève peu à peu et atteint assez promptement 500 mètres, puis augmente lentement jusqu'à 600 mètres, même un peu plus en Tripolitaine; dès lors, elle se rapproche de la côte et s'abaisse pour venir mourir au niveau de la Méditerranée, sous les ruines de Leptis Magna (Lebda), l'une des trois villes qui ont valu son nom à la Tripolitaine. Ainsi la Djefara se termine en pointe à ses deux extrémités, tandis qu'à Déhibat, ce golfe en terre ferme a 150 kilomètres de profondeur. A partir de la mer, le sol se relève insensiblement, à tel point qu'il faut aller souvent à plus de 50 kilomètres de la côte pour rencontrer une butte de 50 mètres; au pied de la falaise, le sol se tient encore à 200 ou 300 mètres au maximum; ensuite s'élève une muraille abrupte qui enclôt la Djefara et qu'on peut franchir seulement en quelques points, là où les oueds ont scié la dalle supérieure. En Tripolitaine, il n'y a pas de lignes de hauteurs intermédiaires entre la mer et cette grande falaise; à peine voit-on, près de la frontière tunisienne, quelques crêtes basses émerger de la plaine. Il en va tout autrement en Tunisie, spécialement dans la région de Foum Tataouine, où trois lignes de hauteurs, trois plateaux étagés, forment comme les volées d'un perron gigantesque, tel qu'en eût imaginé Gargantua pour monter de la plaine sur le haut plateau du Dahar. Dans ces degrés, le géologue reconnaît les étages successifs du Trias et du Jurassique. Ce dernier est constitué par des alternances de bancs calcaires rigides et de marnes tendres, divisant les versants en une infinité de marches horizontales. Au nord et au sud, ces gradins intermédiaires disparaissent peu à peu et la falaise se dresse d'un seul jet au-dessus de la plaine parfaitement nivelée.

A tout prendre, ces hauteurs occupent une super-ficie assez faible, au pied de la grande falaise; tout le reste est bien une plaine, découpée par le lit de quelques rivières ou *oueds*, qui coulent acciden-tellement, après les grandes pluies. Quand on s'éloi-gne de la montagne, leur thalweg est souvent incertain; il s'élargit et ses bords s'effacent. C'est alors un *khaoui* qu'accuse un liséré de végétation moins misérable et moins gris qu'ailleurs; en effet, un peu d'eau se conserve dans le sous-sol formé d'alluvions arrachés à la montagne. Une *garaat* est une cuvette à pente indécise, dont le fond est également colmaté par des alluvions, par-fois même par une terre arable, réellement fertile. Comme les bonnes places de labour sont relative-ment limitées et que la propriété individuelle n'existe pas pour elles, on se les dispute âprement; ce fut la source de nombreuses querelles entre les Ouer-ghamma, d'une part, les Nouaïls et les Cianes, d'autre part.

La Tunisie est mieux partagée que la Tripolitaine. Toute la Djefara ne ressemble pas aux environs de Medenine; il y a des places fertiles. Dans la région de Ben Gardane en particulier, la produc-tion surpasse la consommation, sauf les années où la sécheresse anéantit toute récolte. Dans la partie tripolitaine de la Djefara, les dunes sont beaucoup plus étendues qu'en Tunisie; elles recouvrent une fraction importante du territoire et laissent peu d'emplacements disponibles pour les labours. Ce n'est pas à dire pour cela que le Sud de la Tunisie puisse être comparé à la Beauce; un Beauceron tomberait du haut mal en voyant ces quelques carrés de terre, dont la surface paraît avoir été grattée par des poules et qui s'insinuent entre des broussailles, véritables maîtresses du sol. Ailleurs s'étend une terre toute blanche de cristaux de gypse et de sel, comme s'il venait de neiger. C'est par excellence le champ du mirage, champ absolument inculte. Dans ces dépressions à fond salé, ou *sebkhat*, s'est collecté tout le sel contenu dans le bassin environnant, et Dieu sait qu'il n'en manque pas ! Aucune végétation ne peut se développer sur la croûte saline ; par contre, les bords sont garnis de plantes habituées au sel et dont les chameaux apprécient fort la sève amère. Il est souvent question des plantes salines dans les poésies des Arabes. Ceux-ci qualifient les plantes douces de « pain du chameau », tandis que les plantes salines représentent « sa pitance et sa viande » ; elles aiguisent l'appétit. Le « pain » est souvent garni d'épines acérées, mais peu importe. Je me suis toujours demandé comment les chameaux pouvaient manger, sans se piquer, des plantes qui déchiraient les jambes de mon cheval et contre lesquelles de fortes guêtres n'étaient pas toujours une protection suffisante.

La frontière suit toute une série de ces dépressions salines, enjambant çà et là un dos solide pour passer de l'une à l'autre. La plus connue est la Sebkhat el Mogta, chapelet de bas-fonds, formant un thalweg discontinu, à pente générale extrêmement faible, et n'aboutissant nulle part ; il n'y a pas de communication avec la mer; c'est précisément pour cela que les sels s'y concentrent. Après les pluies, c'est un bourbier dans lequel il peut même devenir dangereux de s'aventurer, mais, en somme, il n'y a de l'eau que de façon exceptionnelle. En amont lui fait suite un ensemble de dépressions allongées, vaguement reliées les unes aux autres, auxquelles s'applique le nom de Khaoui Smeïda. Évidemment, c'est par là que s'écoulerait, en nappe, l'eau qui tomberait en abondance vers Dehibat. En général, l'eau de pluie est bue par le sol bien avant d'avoir atteint le voisinage de la mer. L'érosion a été surprise dans son travail par l'invasion d'un climat subdésertique; elle n'a pas eu le temps d'activer son œuvre et de relier toutes ces dépressions par un thalweg à pente continue.

Cette vaste plaine de la Djefara est occupée par une population d'origine berbère, autochtone, à laquelle se mêlent des éléments arabes, encore reconnaissables en certains points. Les Accara sont presque à poste fixe sur la péninsule de Zarzis; les Touazine paissent (oh! euphémisme) dans les environs de Ben Gardane; les Khezour habitent près de Medenine; les Ouderna occupent le Djebel el Abiodh et nomadisent dans la plaine située à l'est de ces hauteurs, où ils se mêlent aux précédents. Les Djebalia et les Ghoumrassen sont beaucoup plus sédentaires; ils sont attachés, en quelque sorte, au bord de la grande falaise où ils ont construit leurs ksour. L'ensemble forme la puissante confédération des Ouerghamma, qui compte 99 000 âmes, d'après les évaluations récentes du commandant Delom.

Toutes ces populations vivent la majeure partie de l'année sous la tente, soit pour surveiller leurs terrains de labour, soit pour suivre leurs troupeaux; à la fin de l'été, elles rentrent dans leurs jardins autour de leurs ksour, où sont emmagasinées les récoltes. L'insécurité habituelle du pays avait contraint les habitants à construire des forteresses où ils serraient leurs richesses et où ils se retiraient en cas de besoin.

Ksar Medenine est le type des ksour de plaine. Du camp, il apparaît comme une muraille grise, irrégulièrement festonnée, que domine seulement le minaret de la mosquée. Une seule porte permet

KSAR MEDENINE EST LE TYPE DES KSOUR DE PLAINE.
VUE PRISE DU MINARET DE LA MOSQUÉE.

INTÉRIEUR DU KSAR DES OULED SOLTANE MONTRANT LES CHAMBRES OU RHORFAS SUPERPOSÉES.

de pénétrer dans le ksar, ce qui rend la défense plus facile. Les voyageurs qui ont décrit ces ksour les comparent à des ruches; la comparaison se présente naturellement à l'esprit, seulement l'abeille travaille avec une régularité inconnue aux Ouled Medenine. Les alvéoles sont ici remplacés par des *rhorfas* ov *ghorfats*, c'est-à-dire des chambres longues et étroites, recouvertes par une voûte semi-cylindrique; une ouverture basse, placée à une extrémité, tient lieu à la fois de porte et de fenêtre. Accolez cinquante ou cent rhorfas autour d'une place, de telle sorte que la petite porte donne sur la place, le côté aveugle étant à l'extérieur; entassez ensuite, au hasard, trois, quatre, cinq étages de cellules semblables, puis groupez côte à côte une douzaine de places analogues, communiquant par une étroite ruelle; vous obtiendrez Ksar Medenine. La vue panoramique, prise du sommet du minaret, permet de se rendre compte de cette disposition. Du haut de cet observatoire, on constate que la muraille festonnée est constituée par le chevet de ces édifices, tandis que les festons sont simplement les voûtes de la rangée supérieure de rhorfas.

Ksar Medenine, Ksar Metamer et quelques autres ksour sont construits en plaine, mais le plus souvent les constructions sont perchées sur un piton presque inaccessible, dont une poignée d'hommes suffiraient à assurer la défense; tel est le cas de Douirat, de Chenini, de Ghoumrassen. Evidemment ces ksour manquent de confortable, et ce n'est pas une mince besogne que de monter à deux cents mètres tout ce dont on a besoin chaque jour, l'eau tout d'abord. Aussi les habitants se sont-ils arrêtés à mi-chemin; ils ont remarqué que la falaise offrait une série de couches tendres, dans lesquelles il est facile de se creuser une tanière dont deux bancs durs forment le plancher et le plafond. Ils sont ainsi devenus troglodytes. En temps de paix, ils vivent dans ces demeures souterraines, qui comprennent parfois plusieurs chambres. En cas d'alerte seulement, ils se retirent dans le ksar qui couronne la montagne; il serait plus juste de dire : « ils se retiraient », car désormais tous ces ksour sont en ruines; notre occupation les a rendus inutiles.

Par contre, les habitations souterraines sont toujours en usage; on en creuse même de nouvelles. Celles-ci comptent généralement plusieurs chambres en enfilade dont les dernières, les plus noires, servent d'étable, à l'occasion. Grâce à cette disposition ingénieuse, le troupeau de chèvres traverse votre chambre pour gagner son gîte. C'est tout à fait familial. Naturellement, les poules ont libre pratique. (Ne parlons pas des autres commensaux!) Dans la muraille naturelle sont creusées des niches qui servent d'armoires, tandis qu'une autre niche, plus vaste et située plus bas, tient lieu de lit; une ample couverture, un matelas chez les riches complètent l'installation. Ces chambres ouvrent sur une petite cour limitée latéralement par des murettes en pierres sèches; en avant s'élève une rhorfa qui sert de magasin. Douirat offre ainsi trois niveaux superposés de grottes qui se développent sur plus d'un kilomètre de longueur. Le pain de sucre qui les recèle est surmonté par un ksar en ruines auquel on ne peut accéder que par un seul sentier; encore faut-il se livrer à une véritable gymnastique. Dans la vallée, près d'une koubba d'un galbe très spécial, s'allongent des tombes en nombre considérable. Beaucoup de gens de Douirat vont chercher du travail à Tunis, mais tous reviennent finir leurs jours dans leur petite patrie. Si l'un d'eux succombe au loin, un parent ou un ami assume le pieux devoir de le ramener au pays, pour qu'il puisse dormir près des siens son dernier sommeil.

A côté de ces troglodytes grimpeurs, on rencontre les fouisseurs. C'est chez les Matmata qu'il faut aller les observer. Dans la partie septentrionale du plateau, les vallées sont colmatées par d'épais limons rougeâtres où ces émules des taupes ont creusé leurs demeures. Rien n'est plus singulier que ces villages des Matmata, Hadège, par exemple, dont aucune construction ne trahit la présence. Les rues passent au-dessus des maisons, tandis que les chambres s'ouvrent au fond de puits. Ces chambres ont un plafond à section ogivale, ce qui est une condition de solidité. Un tunnel latéral, en plan incliné et généralement courbe, permet de descendre dans la cour et d'entrer dans la maison. Il sert fréquemment d'écurie.

Tous ces types d'habitations appelleraient bien des remarques, mais il me parait inutile de m'y arrêter, d'autant que j'en ai moi-même donné ailleurs une description[1].

C'est à Medenine que réside le commandant militaire des territoires du Sud, lesquels comprennent les trois caïdats des Ouerghamma, des Matmata et des Nefzaoua. Au siège de chaque caïdat se trouve un bureau des Affaires indigènes (Medenine, Matmata, Kebilli). De Medenine dépendent les annexes de Foum Tataouine et de Ben Gardane, qui sont régies par des officiers français. Le poste de Dehibat a, lui aussi, un officier, mais pendant longtemps il n'eut qu'un sous-officier indigène, dont le plus célèbre fut Lazloug, surnommé le « pacha de Dehibat ». Les mauvaises langues prétendaient qu'il percevait des impôts personnels. Ce qui est certain, c'est que c'était un homme énergique, très débrouillard, qui a bien servi notre pays. D'autre part, tout le long de la frontière sont échelonnés

1. L. Pervinquière : *Le Sud tunisien. Revue de géographie annuelle*, tome III, 1909, p. 395-470.

DOUIRAT. UN VILLAGE DE TROGLODYTES, SUR LE PITON SONT LES RUINES DU KSAR, TANDIS QU'UNE KOUBBA ET UN CIMETIÈRE OCCUPENT LE 1er PLAN.

des petits postes makhzen : Oglet el Gouna, Sidi Toui, Mechehed Salah, dans la Djefara, et enfin, au sud-ouest de Dehibat, sur le Dahar, Djeneien, qui était notre poste le plus avancé jusqu'à l'année dernière. Ces postes sont occupés uniquement par des cavaliers indigènes qu'un officier visite au moins tous les mois.

Medenine existait bien avant notre occupation; par contre, Tataouine et Ben Gardane sont des créations des Affaires indigènes. Ce dernier est un des exemples les plus remarquables de ce que peuvent nos officiers lorsqu'on leur laisse la latitude d'exercer leurs capacités. Non seulement ils assurent la tranquillité du pays, où l'on circule plus sûrement que dans bien des rues de Paris, mais ils le transforment; ils ont appris toutes sortes de métiers pour faire profiter leurs administrés de leurs connaissances : ils ont construit des routes (on va aujourd'hui à Tataouine en automobile), creusé des puits, relevé des barrages, appris aux indigènes à tailler les arbres; ils ont créé des marchés et régularisé les courants commerciaux, etc. C'est ainsi que Ben Gardane, créé de toutes pièces en 1895, en un endroit judicieusement choisi, est devenu le grand centre d'approvisionnement de toute la région comprise entre Medenine, Tripoli et Ghadames. Plusieurs caravanes de Ghadames y sont venues acheter des grains dans ces dernières années. C'est un premier résultat des tentatives, faites depuis quelques années, pour ramener en Tunisie les caravanes sahariennes qui avaient pris la voie de Tripoli, depuis que la traite est interdite dans la Régence. Ben Gardane, qui n'avait que quatre habitants en 1895, est maintenant un gros village entouré de 4 000 hectares de jardins; l'école compte une centaine d'élèves et le souk plus de 150 boutiques; c'est le premier marché du Sud.

A cet égard, il me parait intéressant de donner brièvement quelques chiffres; ils permettront de se rendre compte de la valeur économique de ces territoires, qui ne peuvent assurément pas être comparés à la vallée de la Medjerda, par exemple, mais qui sont loin d'être improductifs. En 1910, les transactions sur le marché de Ben Gardane ont atteint 1 127 000 francs. Zarzis vient ensuite avec 999 000 francs, puis Medenine avec 465 000 francs, Kebilli avec 331 500 et Tataouine avec 329 000. Je n'ai pas les chiffres complets pour 1911, mais Ben Gardane accuse une progression considérable, due, il est vrai, à une cause accidentelle : la guerre italo-turque. La récolte a été bonne en Tunisie, très mauvaise en Tripolitaine, ce qui a entraîné des achats d'autant plus importants que le ravitaillement ne peut se faire par mer. Bien que la neutralité soit strictement observée le long de notre frontière, on ne peut évidemment pas empêcher des

Indigènes isolés de venir acheter à Ben Gardane les grains qui leur sont nécessaires. Dans ces conditions, les opérations de ce marché, pour les cinq mois de juillet à novembre, se sont élevées à 1 710 000 francs, alors qu'elles étaient de 530 000 francs pour la période correspondante de 1910. A Medenine et à Tataouine, les transactions portent principalement sur les céréales, les moutons, les chèvres et les chameaux; à Zarzis, sur les céréales et l'huile. Déjà, à l'époque romaine, Zarzis était le grand centre de production de l'huile. Tissot rapporte une tradition d'après laquelle la ville de Zita (nom dans lequel il est facile de reconnaître le nom arabe ou plutôt berbère de *zit*, « huile ») possédait une canalisation par laquelle l'huile s'écoulait à Zarzis, où on la mettait dans des outres à destination de Rome. Ben Gardane vend surtout des céréales. Kebilli exporte des troupeaux, des dattes et des vêtements de laine, très appréciés sur toute la côte méridionale de la Méditerranée, jusqu'à Alexandrie. On le voit, ces opérations sont loin d'être négligeables; elles se développent rapidement depuis que les indigènes sont assurés du fruit de leur travail.

J'ai eu la curiosité de rechercher comment se balançaient les recettes et les dépenses de notre administration. Les indigènes sont soumis à divers impôts (capitation, prestations, impôts sur les ré-

coltes de grains, sur les dattiers, sur les oliviers),
dont le total s'élève à 475 000 francs pour les trois
caïdats des territoires militaires (30 000 contri-
buables). Il est bon d'ajouter que les Touazin et les
Ouderna jouissent d'une forte réduction d'impôt ; ce
sont, en effet, des tribus makhzen qui doivent
fournir, à toute réquisition, les cavaliers nécessaires
pour la défense de la frontière. Les indemnités aux
officiers des Affaires indigènes (leur solde étant
payée par le budget français), la solde des 235 cavaliers du makhzen qui assurent la police, la remise
de 5 pour 100 sur les impôts, consentie aux caïds
et aux cheikhs, l'entretien des infirmeries indigènes,
des bâtiments, des pépinières, l'aménagement des
points d'eau, etc., s'élèvent à 460 000 francs par an.
On peut donc dire qu'à l'heure actuelle les recettes
et les dépenses s'équilibrent sensiblement. Il n'en a
pas toujours été ainsi, mais le pays se développe
peu à peu et la Régence rentrera progressivement
dans les avances qu'elle a faites. Le but essentiel
est atteint : créer une zone-tampon et mettre à l'abri
de toute incursion les régions plus septentrionales
de la Tunisie.

** **

De Medenine à Foum Tataouine, il y a un petit
ruban de route de 50 kilomètres ; avec notre auto, ce
fut vite franchi. On défile dans la plaine, le long de
l'interminable falaise qui barre l'horizon dans

FOUM TATAOUINE. VUE GÉNÉRALE VERS LE NORD.

L'OASIS DE TATAOUINE EST INSTALLÉ SUR LES CAILLOUTIS DE L'OUED.

l'ouest. Il a plu récemment, aussi les indigènes s'empressent-ils de labourer ; il y a bien plus de terres cultivées qu'à mon premier voyage, quoique la plus grande partie du terrain soit encore occupée par quelques plantes sauvages, entre autres le *igouft*, sorte d'armoise dont le port rappelle la bruyère. Au-dessus s'élèvent les touffes brunes du *sder*, jujubier tout hérissé d'épines, ou bien les bouillées vert foncé du *djedari*, sorte de sumac qui devient presque un arbre ; l'écorce de la racine est recherchée pour teindre les cuirs en rouge, à tel point que cet arbuste tend à disparaître. Quelques gerboises passent comme des flèches pour se mettre à l'abri dans leur terrier. A Sidi Mosbah, de petites buttes interrompent la monotonie de la plaine ; puis nous laissons à droite la profonde vallée de l'Oued Ghoumrassen, qui longe un ksar très pittoresque, et maintenant voici Foum Tataouine : une profonde vallée, découpée en entonnoir dans un plateau, vient déboucher dans l'immense plaine ; à droite, la masse du Tlalet, que couronne le poste optique ; à gauche et au fond, le plateau du Djebel el Abiodh, surmonté par les témoins du Bou Kournine et de Beni Barkat qui émergent dans le lointain. Sous la grande lumière verticale, les détails se perdent. Combien différente avait été ma première arrivée, après une longue chevauchée : les strates du Djebel el Abiodh apparaissaient toutes rousses sous les rayons obliques du soleil couchant ; un liséré de feu bordait la falaise du Tlalet, qui projetait dans la plaine de grandes ombres violacées, où l'oasis dessinait une tache presque noire, faisant ressortir la blancheur du souk et de la mosquée.

A Tataouine, comme à Medenine, je reçois l'accueil le plus cordial des officiers des Affaires indigènes. Chacun s'ingénie à me trouver ce dont j'ai besoin, car je suis venu *expeditus*. Bientôt, je suis monté. J'ai à peine le temps de jeter un coup d'œil au village et à l'oasis, mais cela suffit pour en constater les progrès. Non seulement il y a un hôtel somptueux à Medenine, mais Tataouine en possède également un dont les chambres sont très propres. Avec l'ouverture de la route, les touristes vont affluer : ce pays de troglodytes vaut certes une visite, mais beaucoup de touristes étaient effrayés par les 180 kilomètres qu'il fallait franchir à cheval pour atteindre ce curieux pays.

Le lendemain, je pars de bonne heure ; il s'agit d'abattre en deux jours les 120 kilomètres qui nous séparent de Dehibat. Le lieutenant Chastenet a l'amabilité de m'accompagner. Nous défilons d'abord dans la vallée dont le fond est enrichi de fort beaux palmiers. Tataouine est le type de l'oasis de vallée : les palmiers sont plantés dans le lit même de la rivière, au milieu d'une nappe d'énormes galets. Quelques jardins sont installés dans le fond de la vallée ou sur ses bords immédiats ; en effet, les alluvions conservent toujours de l'eau que des puits à plan incliné permettent d'atteindre assez facilement. Sans relâche, un bœuf ou un chameau descend le plan incliné en tirant sur la corde à laquelle est attaché le *dhalou*, seau primitif en cuir, contenant environ 40 litres. Cette irrigation constante rend possible quelques cultures d'orge et de légumes. Partout je remarque de jeunes plants de palmiers, ce qui est un des signes les plus manifestes du développement du pays. Les tentes sont nombreuses en ce moment dans l'oasis. Sous l'une d'elles, une femme drapée dans son ample vêtement de cotonnade bleue, tisse un *felidj*, étoffe rude en poils de chameau ou en laine dont on fait de longues bandes, noires ou brunes, servant à la confection des tentes. A l'appel du mokhazni qui nous accompagne, la femme quitte son métier et s'élance d'un pas souple pour attraper le chien qui aboie furieusement dans les jambes de nos chevaux.

Plusieurs ksour sont accrochés aux flancs de la montagne ou perchés sur un piton escarpé: tel Ksar Beni Barkat qui se profile sur le ciel bleu. Après avoir dépassé ce ksar, nous rencontrons un groupe nombreux d'hommes et de femmes, accroupis près de la piste et poussant des cris inarticulés. Nous apprenons que le cheikh de la tribu vient de mourir ; les pleureuses gémissent, ainsi qu'il convient, mais cela ne les empêche pas de tourner la tête pour nous voir passer et d'échanger entre elles quelques plaisanteries.

Peu à peu les palmiers s'éclaircissent, car le roc est à nu. La ténacité des Berbères qui habitent ce plateau a suppléé, en quelque mesure, à l'âpreté de la nature ; tous les ravins sont barrés par des murs en pierres sèches, derrière lesquels un peu de terre s'est accumulée petit à petit. Sur ce limon prospèrent alors quelques palmiers, oliviers et figuiers, à l'ombre desquels on cultive des légumes. Les versants de la vallée se resserrent ; de gros bancs calcaires zèbrent la montagne de bandes rousses, rigoureusement parallèles; entre elles, des grès blonds ou des marnes jaune verdâtre montrent parfois une profusion de fossiles, revêtus d'une belle patine dorée; c'est l'Eldorado des coquillards! Fermons les yeux et passons, car la route est longue, il ne faut pas s'attarder. Nous montons toujours ; à notre gauche se profilent les curieux ksour de Techchout, de Beni Oussid, et, plus près, celui des Ouled Soltane; à droite, la forteresse d'El Galaat, qui devait être imprenable autrement que par la famine. Maintenant, c'est une descente de plusieurs kilomètres sur une piste aménagée par les Affaires indigènes, mais dont les pentes et les tournants donneraient la chair de poule à ceux qui ne connaissent pas la sûreté du cheval arabe. De ce côté, beaucoup de vieux barrages ont été relevés depuis cinq ans ; le progrès est manifeste.

Au puits de Remtsa, arrêt pour déjeuner. Notre cavalier indigène nettoie la vaisselle avec du sable, puis il l'essuie consciencieusement avec son mouchoir. Cela n'a pas d'importance, d'autant qu'un mouchoir n'est pas fait pour se moucher (la nature a fourni un autre instrument pour cela) ; il est pendu sur la poitrine comme ornement ; à l'occasion, il sert à envelopper une lettre ou quelque objet précieux. Les bêtes reposées, nous remontons à cheval. Maintenant, c'est la plaine indéfinie où les poteaux télégraphiques nous indiquent la route à suivre. Jamais je n'aurais cru qu'il pût y avoir tant de poteaux à dépasser ! Le sol est couvert de petites dunes d'un mètre ou deux, supportant du *rtem*, le genêt du Sahara, quelques tamarins et de grosses touffes de *sboth*, graminée aux chaumes élevés et raides. La gazelle n'est pas rare dans ce coin peu fréquenté, mais nous en voyons seulement des traces. Pour se dédommager, le lieutenant Chastenet abat cinq cangas d'un seul coup de fusil. Ce bel oiseau a la forme de la perdrix, mais il vole comme les pigeons, en tournoyant indéfiniment. Le cou est d'un jaune bronzé à reflets métalliques, tandis que le dos et les ailes sont couverts de plumes jaunes et brunes du plus heureux effet; il est regrettable que les qualités culinaires de ce volatile ne soient pas en rapport avec son brillant plumage.

Peu après cet exploit cynégétique, nous dépassons un *mechehed*, tas de pierres érigé au point où un cavalier du makhzen fut assassiné l'année dernière. Tout bon musulman doit ajouter une pierre à ce tas, et cependant l'origine de cette coutume est certainement antérieure à l'Islam. Ce mausolée primitif rappelle singulièrement les *ardjem*, tombeaux préislamiques, qui sont communs dans la région.

Nous laissons sur la droite le Dahret el Amrouni, petit dos d'âne qui porte les restes de nombreuses constructions romaines. Au milieu des ruines gisent des fragments de sculpture, des bas-reliefs portant des figures d'hommes et d'animaux. Il y avait évidemment là une station de quelque importance.

Enfin, nous atteignons Bir Fatnassia, dont l'eau magnésienne m'avait laissé le plus fâcheux souvenir et où j'avais essuyé un orage épouvantable. J'étais venu camper là, en 1905, avec deux géodèses qui allaient faire de la triangulation dans le Dahar. Nos hommes avaient monté les tentes près du puits, dans une dépression. Comme le temps était beau, la chose paraissait sans importance. Au milieu de la nuit éclata un violent orage, accompagné par une pluie diluvienne. Bientôt le bruit du tonnerre fut dominé par un roulement continu dans lequel je n'hésitai pas longtemps à reconnaître le bruit d'un torrent en marche. Etions-nous sur son trajet ? C'était là une énigme qui ne laissait pas que d'être préoccupante. Le bruit se rapprochait toujours ; puis, il nous dépassa. Ce fut alors un moment de satisfaction ; désormais, nous n'avions plus à craindre qu'un élargissement du cours d'eau. Quand le jour parut, je vis, à 150 mètres des tentes, un oued dont j'estimai la largeur à 40 ou 50 mètres et qui coulait avec une violence telle que ç'eût été folie d'essayer de le franchir. La veille au soir, il n'y avait pas le moindre filet d'eau ; à midi, l'oued avait diminué de moitié et nous pûmes le traverser à cheval ; le soir, il n'y avait plus qu'un ruisseau. Nous apprîmes, un ou deux jours plus tard, que 2 hommes et 22 chameaux, surpris par l'orage dans un ravin, avaient été noyés jusqu'au dernier. Quand on a assisté à semblable phénomène, on comprend que les oueds du Sud, ces rivières mortes, en apparence, soient encore susceptibles de réaliser, à l'occasion, de puissants effets d'érosion.

Cette fois, nous n'avions plus à craindre semblable aventure. Un bordj, un petit fortin, a été construit à quelques centaines de mètres du puits ; il nous offrira un refuge sûr et même confortable.

La chambre réservée aux officiers possède un bon lit et tout ce qui peut être utile, jusqu'à un tub.

A la pointe du jour, nous reprenons notre route et piquons droit sur Dehibat, laissant bien loin à notre droite la petite oasis de Remada, la seule de toute la contrée. Contrairement à Tataouine, Remada est une oasis de source, et les Romains n'avaient pas manqué de profiter des conditions exceptionnelles qu'elle offre pour y établir un camp. Souvent dévastée par les pillards, elle respire la tristesse et l'abandon. L'eau des sources demeure inutilisée, de sorte qu'une partie du terrain est transformée en marécage envahi par les joncs et les roseaux, tandis que, près de là, les palmiers meurent de soif, le pied enfoui dans le sable; partout des troncs coupés ou brisés, des arbres abandonnés, repaires de corbeaux aux sinistres croassements. Les vieilles masures et la kasbat en ruine, qui s'élèvent au bord du bouquet de palmiers, complètent ce tableau pittoresque et désolé. D'ailleurs, tout ce fond de la Djefara est fort peu peuplé; les habitants ont fui vers des cieux plus tranquilles, abandonnant leurs villages fortifiés de Segdel, de Brega, etc.

Longue journée de marche dans un pays désolé où les champs de pierres alternent irrégulièrement avec les bandes de sable sur lesquelles la marche est plus pénible encore. Partout ici l'eau est rare et

GHOUMRASSEN. UN VILLAGE DE TROGLODYTES.

KSAR BENI BARKAT EST PERCHÉ SUR UNE MONTAGNE DIFFICILE-
MENT ACCESSIBLE. — JARDIN AUTOUR D'UN PUITS.

mauvaise ; il faut la puiser pour abreuver les chameaux dès que les mares naturelles sont épuisées.
Ce n'est pas un petit travail d'abreuver un troupeau de chameaux, dont chacun absorbe, en
moyenne, 100 litres. Pour rompre la monotonie
de la route, nous tentons une chasse à la gazelle,
mais ces gracieux animaux se tiennent à belle distance. On ne peut songer à les tourner : les chevaux sont fatigués et il reste encore un bon nombre
de kilomètres à parcourir. Perchés sur une roche,
onze vautours regardent défiler notre petite troupe.
Nous les saluons de deux balles, sans résultat. La
bande s'élève lourdement en tournoyant. Elle ne
vaut pas le temps que nous perdrions à la poursuivre, aussi nous remettons-nous en selle. Le
Touil Dehibat, par lequel passe la frontière, grossit
trop lentement à mon gré ; il est nuit quand nous
atteignons le bordj de Dehibat. C'est là que va se
former mon convoi.

CHAPITRE II

SUR LE DAHAR ET LA HAMADAT

Départ de Dehibat. — Le Dahar. — La lutte des oueds méditer-
ranéens et des oueds sahariens. — Zar. — Les nitrates
brillent par leur absence; une mine de dentifrice. — Mechiguig.
— Pèlerinage à el Ouatia, où fut assassiné le marquis de
Morès. — La Hamadat. — Les grandes dunes d'El Bab. —
Le Sebkhat de Mzezzem. — En vue de Ghadames.

DEHIBAT est le dernier poste commandé par un
officier français; encore n'a-t-il eu longtemps
que des troupes indigènes. Placé à 5 kilomètres
de la frontière tripolitaine qu'il est chargé de surveiller, il peut être exposé à un coup de main; aussi
est-ce une véritable forteresse, couronnant un
mamelon dont les flancs sont creusés de tanières
où habitent les cavaliers du makhzen. Quelques
rhorfas avoisinent le bordj; un peu plus loin, on a
construit un souk entouré de boutiques. En contre-
bas s'allonge une vallée occupée par des jardins,
au delà desquels quelques tombeaux accusent le
passage des Romains. Sur l'autre flanc du mamelon, une source donne la vie à un joli groupe
de palmiers.

Pendant les opérations de la Mission de délimitation, Dehibat servit de base de ravitaillement. Assurer ce dernier était une lourde charge pour le chef de poste, le lieutenant Bouvet, qui reçut sans regret l'ordre de se mettre à ma disposition et d'organiser mon convoi pour aller à Ghadames. Ce fut pour moi un agréable compagnon de voyage; de plus, sa présence me déchargeait de tout souci matériel, ce qui n'était pas un mince avantage, étant donné le pays que j'allais avoir à parcourir, son absence totale de ressources et sa sécurité relative. Pendant tout le voyage, il assura le double rôle de chef d'escorte et de maîtresse de maison; dans l'un comme dans l'autre, il fut toujours égal à lui-même. Doué d'une robuste constitution, entraîné aux exercices physiques, toujours de bonne humeur, songeant à toute chose au moment voulu, le lieutenant Bouvet était l'homme qu'il me fallait; seulement, lorsque, la nuit venue et ses devoirs accomplis, il s'allongeait sous sa tente, il faisait résonner les solitudes du Dahar d'un ronflement terrible. Tartarin eût pensé entendre le rugissement du lion; au fait, c'était peut-être pour donner plus de couleur à mon voyage, car, en fait de fauves, nous n'avons vu que les pas d'une hyène et les os d'un guépard.

Au départ de Dehibat, mon convoi comprenait 6 méharistes et 10 chameaux de bât, conduits par 9 chameliers. Seuls, le lieutenant et moi étions à

cheval, ce qui permettait de réduire au strict nécessaire les provisions d'orge et d'eau ; nous allions,
en effet, aborder le pays de la soif, le *bled el ateuch*,
et nous pouvions avoir trois ou quatre étapes suc-
cessives sans eau. Deux ou trois méharistes accompagnaient le convoi ; les autres marchaient sans
cesse avec moi, au hasard de la recherche des
cailloux. Le soir, l'un d'eux faisait une cuisine
inédite, autant pour lui que pour nous ; un autre
nous servait gravement à table. Un jour, notre
maître d'hôtel laissa tomber la serviette dont il se
servait pour essuyer consciencieusement les assiettes et les couverts ; aussi, pour éviter le retour
d'un tel inconvénient, s'empressa-t-il de la fourrer
dans sa culotte, sûr, désormais, de l'avoir à la
portée de sa main. C'est là un détail ; l'important,
c'est qu'on obtient tout de ces hommes, quand on
sait les commander.

A Dehibat, nous sommes au fond de la Djefara,
tout près de la grande falaise que nous suivons
depuis Gabès et qu'il s'agit de franchir pour passer
sur le *Dahar*. Ce mot, qui signifie « dos », est très
heureusement choisi : le Dahar n'est que le dos
des couches dont nous apercevons la tranche sur
la falaise. C'est un immense plateau, à peine incliné, le bord d'un plat dont le fond est occupé
par les dunes du Grand Erg. Entre le Dahar et le
Sahara, la limite est insensible ; on pourrait même

dire que le Sahara commence au bord du Dahar. Nous nous élevons d'abord doucement sur un terrain marneux, auquel succède une puissante masse de grès, tantôt blancs, tantôt rutilants, tantôt noirs, dont certaines parties s'éboulent sous le pied des chevaux, tandis que d'autres sont d'une dureté extrême. La pente s'accentue alors. Les trente derniers mètres de la falaise sont absolument à pic; c'est la tranche d'une puissante strate calcaire qui forme l'assiette du Dahar. Il serait impossible de franchir cette muraille, si l'érosion ne l'avait sciée en quelques points. A voir tous les oueds à sec, on pourrait douter qu'ils soient susceptibles d'un tel travail. Assurément, ils ne roulent pas souvent, mais alors ils sont terribles. Néanmoins, leur besogne ne serait guère avancée si le climat avait toujours été ce que nous le voyons. Il en fut tout autrement pendant une partie du Quaternaire de fortes précipitations atmosphériques permirent aux rivières de se creuser des lits énormes, hors de proportion avec leur état actuel. Alors, ces rivières travaillèrent activement à démolir le plateau et à faire reculer la falaise. La plaine de la Djefara est leur œuvre; c'est avant tout une plaine d'érosion fluviatile. Jadis, les diverses formations des temps secondaires, qu'on observe sur ses bords, dessinaient un immense bombement, qui a été progressivement nivelé. Les eaux tombant sur le faîte se rendaient les unes à la Méditerranée, les autres dans la cuvette saharienne, qu'elles ont peu à peu comblée de débris. Les rivières allant à la Méditerranée, ayant l'avantage de la pente, rasèrent promptement leur versant et le remplacèrent par une plaine bordée d'une haute falaise. Celle-ci dut reculer lentement, les rivières méditerranéennes poussant toujours plus loin leur tête; ainsi, elles pénétrèrent dans le domaine des rivières sahariennes dont plusieurs furent capturées à leur profit et décapitées. C'est à cette lutte des oueds méditerranéens et des oueds sahariens qu'il faut attribuer la singulière apparence de ces oueds sahariens, qui débutent au bord du Dahar par une vallée à fond plat, large de plusieurs centaines de mètres. La partie supérieure du cours a disparu et la pente de la partie restante a été renversée dans la région voisine de la Djefara.

Tel est précisément le cas de l'Oued Morteba, que nous remontons au sortir de Dehibat. Il a scié la dalle supérieure qui forme, à droite et à gauche, une paroi abrupte. Son lit nous offre une voie excellente pour passer de la Djefara dans le Dahar. Après une montée assez forte, la pente diminue; nous sommes encore dans la partie où l'eau s'écoule vers la Djefara, dans l'Oued Morteba Djefari; mais bientôt, sans que nous nous en apercevions, la pente devient inverse; nous descendons dans la cuvette saharienne : nous sommes dans l'Oued Morteba Dahari. Ainsi, rien ne marque cette fameuse ligne de partage des eaux, cheval de bataille des anciens traités où nous avons tous appris la géographie; et ne vous y méprenez pas, nous venons de franchir une ligne de premier ordre, séparant le bassin méditerranéen du bassin sans écoulement du Sahara. Où est la ligne de crête que nos bons vieux atlas traçaient, telle une chenille, à travers des continents entiers? L'exemple n'est pas unique; la plupart des oueds du Dahar offrent la même particularité.

Désormais, nous n'aurions qu'à descendre le lit de la rivière pour arriver au bordj de Djeneïen.

Au-dessus du col de l'Afina, une éminence supporte un ksar abandonné. Près de là, la crête est surmontée par un singulier minaret qui ressemble à une grande borne. La mosquée est en dessous, creusée dans la pierre; seul, le minaret dépasse le sol. Les Turcs tenaient beaucoup à cette mosquée de Sidi Abd Allah; aussi a-t-on dévié la frontière pour la laisser de leur côté. Ensuite, la frontière suit la crête du plateau que borde l'Oued Morteba; c'est de là que les réguliers turcs canardèrent nos troupes, il y a deux ans. Un peu en arrière est la vieille cité berbère d'Ouezzen, qui ressemble fort à Douïrat. La frontière est placée de façon telle que les habitants sont obligés de venir chercher l'eau

LE LIEUTENANT BOUVET ET MES MÉHARISTES DANS UN RAVIN DE L'OUED MORTEBA,
PERMETTANT DE MONTER SUR LE DAHAR.

en Tunisie, où ils ont désormais une partie de leurs jardins. Il est bien probable que la plupart viendront s'installer chez nous pour ne pas risquer de payer deux fois l'impôt. L'un des puits où ils s'alimentent est surmonté d'une kasbah, d'un petit bastion qui permet d'en interdire l'accès. C'était la première fois que je voyais un puits fortifié. Ce fortin est d'ailleurs de construction récente (environ trente-cinq ans).

Peu après, nous quittons l'Oued Morteba et nous grimpons sur le Dahar par une sorte d'escalier gigantesque dont les marches sont formées par des strates de marbre blanc. Nous voilà sur un immense plateau pierreux, faiblement incliné vers le sud-ouest. Le sol est jonché d'énormes rognons de silex, qui rendent la marche pénible et qui ne remplacent pas la végétation absente. De loin en loin, un pain de sucre, une *garat*, s'élève de 30 ou 50 mètres au-dessus du plateau dont le sol est entaillé par quelques oueds à fond plat, où reparaît la végétation. Toutes ces *gour* sont des témoins d'érosion, découpés dans des couches plus récentes que celles qui forment le bord du plateau. Au fur et à mesure que nous nous enfoncerons dans l'arrière-pays, nous verrons ces collines se resserrer et se fondre en un nouveau plateau, superposé au premier.

Cette contrée n'a plus d'habitants fixes, mais les

ruines berbères, accrochées au bord du Dahar, prouvent qu'il n'en fut pas toujours ainsi; d'après la tradition, ces ksour ont été abandonnés il y a deux cents ans environ. Sur le Dahar même, les Romains ont laissé des traces de leur occupation : les citernes romaines ne sont pas rares (ce qui prouve que l'eau faisait déjà défaut). Quelques fûts de colonnes, trouvés dans l'Oued Morteba, proviennent vraisemblablement d'un mausolée. En tout cas, M. de Larminat a signalé à Sidi Aoun les débris d'un beau mausolée hexagonal dont les chapiteaux sont richement sculptés. Près de là sont les restes d'un petit poste construit en 197, ainsi qu'on peut le déduire d'une inscription. A quelques kilomètres au sud-est subsistent les murailles d'un autre poste, qui a été étudié, comme le précédent, par le commandant Donau. C'est une construction rectangulaire, ayant environ 20 mètres de côté, dont il est encore facile de reconnaitre la disposition intérieure. Ces édifices faisaient partie du système défensif marquant le *limes tripolitanus*, la frontière tripolitaine du temps des Romains. Dans l'Oued Ouni, que nous avons suivi quelque temps, s'observe une construction d'un autre genre, un barrage en pierres et béton, qui est encore debout sur 80 mètres de longueur. Il avait pour but de maintenir l'eau que de trop rares crues pouvait amener dans l'oued et de permettre quelques cultures dans les bas-fonds. C'est là le dernier vestige de l'occupation romaine; plus au sud, nous n'avons trouvé nulle trace de celle-ci et les nomades ne connaissent aucune ruine.

*

La route normale serait d'aller passer à Djeneien, où se trouvait notre dernier poste makhzen jusqu'au printemps dernier. Djeneien est le meilleur point d'eau de tout le Dahar jusqu'à Ghadames, aussi les Tripolitains nous en disputèrent-ils la possession. En 1898, le chef d'escadrons d'Assailly et le lieutenant Tribalet durent enlever d'assaut un fortin que nos voisins y avaient édifié. A la suite de ces incidents, on se hâta de construire un bordj où on installa un poste makhzen. La large vallée de l'Oued Djeneien offre de bons pâturages à chameaux et recèle un peu de terre cultivable dans quelques bas-fonds. Les gens de la Djefara et du Nefzaoua y conduisent souvent leurs troupeaux depuis que le bordj assure la sécurité de la contrée.

Pour gagner du temps, nous piquons droit vers Ghadames, laissant Djeneien à une quinzaine de kilomètres dans l'ouest. Peu après l'Oued Lorzot, il nous faut franchir une bande de dunes, la première que nous rencontrons. Bien que les dunes aient seulement quelques mètres d'altitude et que la largeur de la bande ne dépasse pas trois kilomètres, les chevaux fatiguent énormément dans ce sable

mouvant, d'une finesse extrême, que de rares graminées et quelques autres plantes ne suffisent pas à
fixer. Après avoir dépassé le double piton du Touil
Ali ben Ahmer et traversé une large plaine, où les
chameaux s'arrêteraient volontiers à brouter, nous
abordons une deuxième ligne de hauteurs, dominant
la plaine de 120 à 130 mètres. La coupe en est intéressante; elle nous montre des niveaux très élevés
du Crétacé et nous fournit des fossiles tout à fait
analogues à ceux de la craie de Royan. Ce sera un
point de repère important pour la suite des observations. Après avoir grimpé 100 mètres d'un seul
coup, nous les redescendons peu à peu, en suivant
le Siah el Mathel, large vallée à fond plat dont les
dimensions sont en désaccord complet avec les conditions atmosphériques actuelles.

Nous arrivons ainsi à Zar, qui fut notre troisième
campement depuis Dehibat. Dans une cuvette ou
un cirque, résultant de l'élargissement du Siah, se
trouvent deux puits, à 200 mètres l'un de l'autre.
Un des puits a été attribué à la Tripolitaine, l'autre
à la Tunisie; entre les deux, une borne indique
l'emplacement de la frontière. Le fond de la cuvette
est occupé par une croûte de gypse résultant du
lessivage des terrains voisins. Quant aux nitrates,
ils se sont abstenus de paraître; la circonstance est
d'autant plus grave que Zar était un des gisements
les plus réputés. Depuis la veille, je commençais à

avoir des doutes sérieux à leur sujet, après avoir observé des cristaux de calcite dont la couleur rappelait celle de certains nitrates du Chili. La confirmation s'offrit le lendemain, près du Chabet el Meijna, « le ravin où poussent les truffes[1] ». Le coup d'œil était vraiment curieux: les bords de la dépression étaient tout blancs de gypse niviforme, tandis qu'un petit ressaut de terrain était constellé de cristaux étincelant au soleil; on eût dit qu'il venait de grêler. Il était bien facile d'y reconnaitre de la calcite, du carbonate de chaux cristallisé, très abondant dans le Crétacé qui forme les bords de la dépression ; les particules argileuses ou marneuses ont été entraînées peu à peu par l'eau ou même par le vent, tandis que s'accumulaient sur place les cristaux de calcite. Ici encore, pas le moindre nitrate; il en fut ainsi dans tous les points signalés à mon attention dont on s'arrachait l'adjudication (on se demande pourquoi?). J'avais remarqué que mes hommes avaient ramassé des cristaux, j'en demandai la raison. Le chef de mes méharistes, Sahali, qui avait des instincts de commerçant plus que de guerrier, me répondit : « Si je prenais une charge de chameau de ces cristaux pour aller la vendre au

1. El Bekri, célèbre géographe arabe, prétend qu'à Ghadames les truffes sont si grosses que les lapins y creusent leurs terriers (A moi, Tartarin !). Il n'y a qu'un malheur, c'est que les lapins sont complètement inconnus dans cette contrée, comme les nitrates.

Nefzaoua, je gagnerais bien 150 francs. » Sa réponse piqua ma curiosité, car il s'agissait évidemment d'une application inédite de la calcite. Sahali ne fit point difficulté pour me la révéler. Les gens du Nefzaoua emploient ces cristaux pour se frotter les dents et les rendre plus brillantes; ils les nomment *saggal snoun*, c'est-à-dire « astique-dents ». Si la postérité n'est pas ingrate, elle reconnaîtra que je suis le premier à avoir découvert une mine de dentifrice !

Au sud de Zar, la piste circule entre des collines tabulaires, découpées dans le plateau, ou franchit quelques éperons de celui-ci : sol dur et rocailleux, mais, en somme, trajet assez facile. Le vent ne nous quitte pas ; il fait voler le sable accumulé dans les dépressions. Ce sable file avec rapidité ; il coule comme un ruisseau et les pieds des bêtes disparaissent dans un nuage. Toutes les collines sont ensablées du côté du sud-ouest, tandis que le versant opposé montre la roche à nu. Partout la dune fume et le sable vous fouette le visage de façon désagréable. Ce n'était que le commencement !

Bir Hadjer Soud, « les pierres noires », marqua la fin de la quatrième étape. C'est un puits qui a été revivifié par la Mission et qui rendra service, bien que l'eau soit salée et magnésienne: 8 grammes de sel par litre, cela commence à compter. L'eau avait une température de 17°; elle nous parut presque tiède. C'était délicieux, d'autant que, la nuit, le thermomètre descendait jusqu'à 0°. Le lendemain, le chemin devient encore plus monotone : nous enfilons un couloir, puis un autre, nous traversons un bout de plateau pierreux, puis une bande de dunes et de nouveau des plateaux pierreux, dont la surface est parfois lisse comme un miroir ; elle nous offre des exemples typiques du « poli désertique ». L'Oued Cherchouf est envahi par le sable. Vers l'aval, il bute contre la Zemlat Tiaret, la dune de Tiaret, dont la hauteur nous parut considérable. C'est une de ces avancées du Grand Erg dont nous aurons à traverser les similaires.

*

Mechiguig ou Imchiguig est un puits situé à une trentaine de kilomètres au sud-ouest de Sinaoun. Les renseignements indigènes le représentaient comme une des oasis de la route de Ghadames. Quelle désillusion ! A Mechiguig, il y a sept palmiers autour du puits ; c'est là toute l'oasis. Ce n'était pas la peine de se chamailler pour si peu, ni surtout de se battre, comme cela faillit arriver. Entre des collines tabulaires, ayant une cinquantaine de mètres d'altitude relative, s'allonge une vallée large d'un kilomètre, dont le fond est entièrement tapissé de petites dunes dépassant rarement deux ou trois mètres. Une végétation assez abondante les revêt

(55)

d'un manteau gris verdâtre. La *zila* domine; c'est un arbrisseau formant de grosses touffes qui peuvent atteindre deux mètres de hauteur; les feuilles et les extrémités des rameaux sont d'un vert cendré, argenté, qui s'émaille au printemps de petites fleurs roses ou violacées; la sève a un goût fortement salé, très apprécié des chameaux. Parmi ces arbustes se voient d'assez nombreux tamarins (*tarfa*), quelques pieds de *guetof*, dont les touffes épineuses sont garnies de feuilles ovalaires, d'un vert grisâtre, et naturellement du *rtem*, grand genêt dont les petites fleurs blanches exhalent un parfum exquis. Du sable émerge, çà et là, un *tertout*, qui ressemble vaguement à une asperge grosse et courte, de teinte brunâtre. C'est une plante parasite, comme les orobanches de nos pays, qui vit sur les racines de *zila*. Au moment où elle sort de terre, sa tige charnue forme un aliment que mes méharistes ne dédaignaient pas. (Il faut savoir tirer parti de tout en ces pays déshérités!) Cru, c'est affreusement amer et il faut être dénué de toute ressource pour y avoir recours. Cuit sous la cendre, c'est un peu moins mauvais, mais cela ne fera pas oublier les asperges d'Argenteuil. Il paraît que les gazelles raffolent de cette plante, qui donne à leur chair un goût particulièrement agréable. Lorsque la tige a atteint 20 ou 30 centimètres de longueur, elle donne naissance à une grappe de fleurs jaunes et viola-

TOUTE L'OASIS DE MECHIGUIG. LE PUITS TURC.

MÉHARISTES SUR LA SEBKHA D'TEZZEM. LES CHAMEAUX ONT
CREUSÉ DES ROUTES DANS LE SEL. — CL. BOUÉ.

cées, mais elle ne porte pas de feuilles, ce qui serait inutile, puisque l'arbuste sur lequel la plante est cramponnée fournit des sucs tout élaborés.

La convention de Tripoli stipulait qu'à Mechiguig on partagerait équitablement le terrain aquifère. En effet, les sables recèlent une quantité d'eau notable, ce qui permettrait de créer une petite oasis (oh! bien petite); malheureusement, cette eau est détestable : elle contient jusqu'à 10 grammes de sulfate de magnésie, de sulfate de soude et de sel marin.

Un petit bordj vient d'être édifié pour abriter les méharistes chargés de surveiller la frontière. Lors de mon passage, il y avait cinq hommes que la Mission avait laissés pour assurer ses communications.

Bien que la chose puisse paraître inouïe, c'est à Mechiguig que j'ai recruté un cuisinier! Je fus quelque peu interloqué de m'entendre saluer en français à ma descente de cheval. Mon interlocuteur était un jeune négociant de Medenine, Béchir, auquel le commandant avait persuadé de venir s'installer à Mechiguig. Il s'était mis en route avec une petite pacotille, mais il trouvait les affaires insuffisantes. Depuis treize jours qu'il était à Mechiguig, il n'avait pas vu un seul client, ce qui n'est pas très surprenant, car il n'y a aucun habitant dans la région et les caravanes sont rares; aussi ne demandait-il qu'à partir avec nous pour aller vendre ses marchandises à Ghadames et revenir avec nous dans la capitale, je veux dire à Medenine. Pour me séduire, il énuméra tous les plats qu'il savait faire (au moins une demi-douzaine); il insistait sur sa recette pour faire du chocolat au lait, sans lait (avec des œufs). Emerveillé par de si hautes capacités auxquelles il importait de donner un emploi, je l'engageai pour ce qu'il demandait, c'est-à-dire rien du tout. Je vous le recommande!

Au mois de décembre 1910, Mechiguig fut le théâtre d'événements qui auraient pu devenir graves. Suivant les conventions passées avec la Porte, le capitaine Boué, les lieutenants Lamotte d'Incamps et Vaudein devaient lever la carte d'un ruban de terrain à cheval sur la frontière présumée. Malgré cela, le youss-bachi (capitaine) Mahmoud Foussi, qui commandait la garnison de Ghadames et exerçait, en même temps, les fonctions de kaïmakam (gouverneur), excité par quelques fanatiques, s'avança au-devant du capitaine Boué, pour l'empêcher de continuer ses opérations et de construire des signaux à Mechiguig et dans le Siah et Touil qu'il considérait comme en territoire turc. La discussion s'envenima (peut-être faute d'un bon interprète) et des deux côtés on saisit ses armes; heureusement, les fusils ne partirent pas. Le youss-bachi battit en retraite, mais il pouvait être périlleux d'avancer dans ces conditions. Le capitaine Boué envoya alors un courrier porter une dépêche à Djeneïen et se retrancha sur le plateau de Mechiguig où il passa vingt jours peu folâtres. Pour tuer le temps, les topographes construisirent un cadran solaire qui fait l'orgueil de Mechiguig et ramassèrent des oursins fossiles dont j'ai hérité. Bientôt arrivèrent des mokhaznia de renfort. En même temps, un esca-dron de spahis fut expédié d'urgence à Dehibat pour soutenir nos opérateurs, tandis qu'un autre escadron avançait de Gabès à Tataouine. Après de nombreux échanges de dépêches entre Paris et Constantinople, le kaïmakam de Ghadames fut déplacé, avec de l'avancement suivant les uns, envoyé en disgrâce suivant les autres. Il fut rem-placé par un autre kaïmakam qui portait exacte-ment le même nom, Mahmoud Foussi, mais qui était animé d'intentions (et surtout d'instructions) plus conciliantes. A partir de ce moment, il n'y eut plus de difficultés.

** **

Mechiguig est situé à huit kilomètres au nord-nord-ouest de Bir el Ouatia, où le marquis de Morès trouva une mort si tragique. Je n'ai pas manqué de faire un pèlerinage à la funèbre vallée d'El Ouatia, d'autant plus que j'avais parmi mes méharistes l'un des serviteurs de Morès, Khalifat ben Arb, dont je vais résumer le récit ; il diffère sur plusieurs points ce qui a été publié précédemment.

Morès avait formé le projet d'établir des relations commerciales entre la Tunisie et le Soudan. Malgré les difficultés qu'il rencontra, il avait recruté au Nefzaoua une escorte de huit à neuf méharistes, dont Khalifat ben Arb et Mohammed ben bou Ali, pour accompagner son convoi, qui comptait une quarantaine de chameaux. Ne pouvant partir d'un poste tunisien, Morès se dirigea vers Bir er Reçof, en Algérie, d'où il revint vers Djeneten, puis il piqua au sud, passant par un défilé qui a conservé le nom de « chabet el mercanti » (Morès était considéré comme un négociant). Il campa à Zar, à Khechem el Haouya et se dirigea vers Tiaret où il ne trouva pas d'eau. Comme il n'était pas encore midi et qu'il importait de remplir les outres, car on devait faire au moins deux étapes sans eau, le guide Ali ben Zar proposa d'aller camper au puits d'El Ouatia, ce qui fut adopté. Au bout de quelques heures, le guide déclara ne plus reconnaître sa route, ce qui est tout à fait invraisemblable, cet homme étant originaire de Sinaoun, à 40 kilomètres de là. Morès envoya son interprète Abd el Hagg (un beau nom pour un interprète : « l'esclave de la vérité! ») avec quelques méharistes à la recherche d'un puits. Ceux-ci passèrent près du puits sud d'El Ouatia sans l'apercevoir, mais un homme de Sinaoun leur en indiqua un autre, situé un peu plus au nord (Bir el Ouatia el Fokani). Tandis qu'ils s'y rendaient,

Mohammed ben bou Ali revint sur ses pas pour guider Morès. Les méharistes rencontrant un troupeau de gazelles ne purent résister au plaisir de leur donner la chasse. Mohammed ben bou Ali, entendant beaucoup de coups de fusil, pensa que ses compagnons avaient été attaqués et se hâta d'aller prévenir Morès. Celui-ci voulut se porter au secours de ses hommes, mais la nuit étant complètement tombée, il fut obligé de camper, tout près du puits sud d'El Ouatia, au pied d'une colline à laquelle nos topographes ont justement imposé le nom de Ras Morès. Le lendemain, Abd el Hagg, Khalifat et les autres revinrent et expliquèrent qu'ils avaient simplement tiré des gazelles. Ils annoncèrent avoir rencontré un troupeau de chameaux touareg. Presque en même temps, arriva le chef targui Bechaoui, qui était campé à Mechiguig avec des Chaanba, nouvelle circonstance singulière, étant donnée l'animosité ancienne et persistante qui existe entre Chaannba et Touareg. Morès eut le tort de se confier à eux et de renvoyer ses méharistes et chameliers tunisiens, gardant seulement avec lui trois serviteurs algériens, Abd el Hagg et El Hadj Ali et Tseni, riche commerçant de Ghadames qu'il avait connu à Tunis et qui devait le conduire à Ghat, le présenter aux notables et lui faciliter les échanges.

Pour gagner l'amitié des Touareg, Morès leur fit

des cadeaux importants pour la région (entre autres, deux carabines à répétition). En échange, les femmes touareg lui apportaient du lait tous les jours; c'était un va-et-vient constant de Mechiguig à El Ouatia. Bechaoui demanda quelques jours pour rassembler de bons chameaux, puis il exigea une avance sur le prix de la location, ce que Morès finit par accorder. Les chameaux touareg n'arrivant pas, Morès fut contraint de rester huit jours au puits sud d'El Ouatia, harcelé par les Touareg qui demandaient sans cesse de nouveaux cadeaux. Il leur objecta qu'il leur en avait déjà fait de superbes: « Ce qui est dans notre poche nous appartient et ne compte plus », répliquèrent ces incorrigibles pillards. Morès commença à être inquiet de cet état d'esprit. Enfin, le 8 juin 1896, les chameaux promis furent rassemblés, mais ils étaient dans un état pitoyable et refusèrent de se laisser charger. Morès remit le départ au lendemain. Désormais, il ne doutait plus qu'il était trahi, aussi, le 9 juin, le chargement ayant été péniblement effectué, résolut-il de remonter vers le nord, vers Sinaoun, au lieu de prendre la route de Ghadames.

Les Touareg et Chaannba, ennemis héréditaires, réconciliés pour ce mauvais coup, sentent que leur proie va leur échapper (Morès est réputé avoir 13 millions dans ses caisses, et Khalifat a conservé le souvenir des superbes clous dorés qui ornaient les cantines). Sans doute ils se concertent pendant que la caravane fait environ deux kilomètres; puis leur résolution est prise. L'endroit est désert : une large vallée plate, encombrée de petites dunes, couvertes de touffes de *zita;* à droite et à gauche, une longue file de collines, découpées dans le plateau, limitant l'horizon; au fond, une petite colline conique dominant le puits; tout à fait dans le lointain, quelques crêtes du Grand Erg. La piste de Ghadames à Sinaoun longe, en cet endroit, une petite crête qui la domine de cinq ou six mètres et qui forme la berge gauche de l'oued. Trois ou quatre Touareg et Chaannba s'approchent de Morès par derrière, lui arrachent sa carabine et cherchent à le renverser, tandis que l'un d'eux le frappe d'un coup de sabre à la tête. D'un coup de revolver, dit-on, Morès abat la chamelle rétive qu'on lui a donnée et qui refuse de se barréquer, de s'agenouiller. La bande des agresseurs se rapproche. Morès en tue deux ou trois et se traîne à une trentaine de mètres au sud, derrière une touffe de *zita,* qui lui fournira un abri bien insuffisant. L'un des serviteurs se sauve, tandis que les deux autres sont tués dans la dune. Abd el Hagg et El Hadj Ali, réfugiés sur la petite crête, succombent d'une manière qui n'a pas été élucidée. Pendant une heure et demie ou deux heures, par un soleil torride, Morès, perdant son sang, tient tête aux Touareg et

Chaannba, qui l'enserrent sans oser l'approcher; il en tua plusieurs, au dire de Khalifat; s'il avait eu sa carabine, il est possible qu'aucun d'eux n'eût échappé. Les agresseurs rampent de touffe en touffe; deux d'entre eux, El Kheir (dont le nom dérisoire signifie: le meilleur) et Mahammar ben Mahammar, atteignent d'un bond le blessé et tirent sur lui à bout portant[1]. Alors, tous les autres s'approchent et lardent de coups le corps de leur victime qu'ils traînent derrière une grosse touffe de zita, afin qu'on ne le vit pas de la piste.

Telle fut la fin héroïque de cet homme vaillant qui avait formé le projet généreux de développer la richesse et la puissance de la France. S'il a échoué dans son entreprise, il a du moins, par sa bravoure, accru l'éclat du nom français parmi les populations indigènes.

Les chameaux du convoi, n'étant plus excités par leurs conducteurs, ne tardèrent pas à s'arrêter pour pacager à droite (est) de la route (le drame s'était déroulé de l'autre côté). Leur crime accompli, les bandits (au nombre d'une vingtaine) se précipitèrent sur le convoi pour le mettre au pillage. Ne sachant

1. D'après le récit de Khalifat, d'accord avec celui du Cheikh Mohammed ben Otsmane, Morès aurait abattu l'un d'eux, mais aurait été achevé par l'autre. Toutefois, ce point ne semble pas exact, car El Kheir a été jugé à Sousse et Mahammar a paisiblement terminé ses jours à Ghadames. Peut-être y a-t-il eu une confusion de noms.

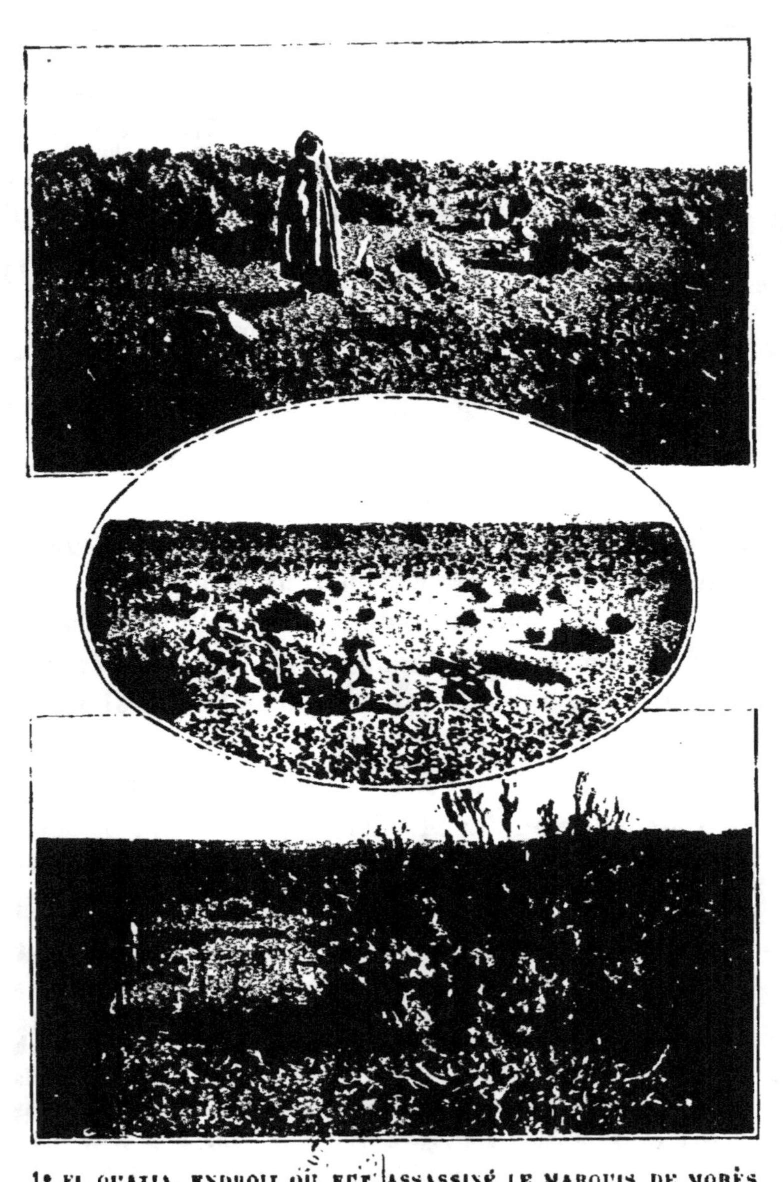

1° EL OUATIA, ENDROIT OÙ FUT ASSASSINÉ LE MARQUIS DE MORÈS
(KHALIFAT BEN ARB). — 2° LIEU DU PILLAGE DE LA CARAVANE
(TOMBE D'EL HADJ ALI ET TSENI). — 3° TOUFFE DE ZITA AU PIED
DE LAQUELLE FUT TRAÎNÉ LE CORPS DE MORÈS.

pas ouvrir les caisses, il les démolirent et prirent ce qui leur parut intéressant; le reste fut brisé. Le partage fait, ils se dispersèrent dans le désert et pendant longtemps les marchandises volées furent vendues librement sur les marchés de Ghadamès, de Derdj, de Ghat et de Mourzouk. En cette dernière ville, le Cheikh Mohammed ben Otsmane vit même des fonctionnaires turcs revêtus des dépouilles de Morès[1]. En effet, les autorités ottomanes ne firent r'en pour arrêter les assassins qui étaient connus de tous. On sait avec quel courage réfléchi le naïb des Kadria d'Ouargla, Mohammed ben Tayebb, alla cueillir certains d'entre eux aux environs de Ghadamès et les livra à la justice française; mais beaucoup échappèrent à un châtiment longtemps différé; l'un d'eux vit encore à Derdj, quelques-uns moururent de leurs blessures.

Dès que la nouvelle de l'assassinat parvint à Kebilli, le lieutenant Le Bœuf, ne pouvant aller lui-même relever le corps de la victime, ainsi qu'il l'eût désiré, chargea de ce soin son bach-chaouch, Saïd ben Nasseur. Cet homme énergique, que j'ai eu le plaisir de voir en 1900 et récemment à Kebilli,

1. Il reste encore dans la région des objets de cette provenance, entre autres un sabre, une cassette contenant un collier, et une tente marabout, mais les Touareg qui les détiennent ne veulent pas être connus, de peur de représailles, et le lieutenant Bouvet a vainement tenté de racheter ces objets par des intermédiaires.

(65)

5

exécuta un raid admirable et périlleux : en quatre jours et quatre nuits, il parcourut plus de 400 kilomètres, sous le soleil brûlant de la fin de juin. Il était accompagné de quelques hommes du Nefzaoua, entre autres Ahmor Abd el Melek, Mohammed ben Salem M'bikha, Mohammed ben Ghits el Adri, Mohammed ben bou Ali; ces derniers faisaient partie de l'escorte de l'explorateur. Ils rapportèrent les corps de Morès et d'Abd el Hagg, cousus dans des toiles de sac, et ramassèrent tous les papiers qu'ils purent trouver. Pour sa belle conduite, Saïd ben Nasseur a reçu la croix de la Légion d'honneur et a été nommé caïd du Nefzaoua, à la place de Hammadi dont la conduite avait été très louche.

Pas à pas, Khalifat nous montre les points où se déroulèrent les phases de ce drame. Comme j'émets quelques doutes sur l'exactitude de ses indications, Khalifat gratte le sol et déterre un morceau de peau de la chamelle. A l'endroit où fut trainé le corps, il suffit d'écarter la couche superficielle du sable pour voir les parties profondes agglomérées en une masse brunâtre : « C'est le sang de Morès, » dit Khalifat. Puis il nous mène au point où eut lieu le pillage de la caravane. Le sol est jonché de débris de caisses, de fragments de pots de moutarde Grey-Poupon, de fioles pharmaceutiques et surtout d'innombrables morceaux de plaques photographiques. Le doute n'est plus possible. C'est bien là que se joua la tragédie d'El Ouatia.

Khalifat ben Arb avait été congédié, comme les autres, au puits d'El Ouatia, trois ou quatre jours avant l'assassinat, auquel il n'a pas assisté ; on peut se demander comment il en connaissait les péripéties, comment il a pu nous guider à travers des touffes de zita presque semblables et nous arrêter devant l'une plutôt que devant une autre. Après ce que je viens de dire, on ne peut douter de la sûreté de ses indications ; d'autre part, il avait visité récemment les lieux avec Mohammed ben bou Ali (mokhazni retraité à Djeneien) et Mohammed M'bikha que le commandant Donau avait fait venir à Mechiguig pour nous montrer le point où ils avaient relevé les corps de Morès et de son interprète.

Les topographes de la Mission de délimitation avaient eu la pieuse pensée d'élever un monument sur la crête au pied de laquelle succomba le marquis de Morès. Ce monument fut détruit par le fanatique kaïmakam de Ghadames. Pour éviter le retour d'un semblable accident, un nouveau monument a été érigé par la Mission à Mechiguig, où il sera sous la protection du poste makhzen. C'est un obélisque placé sur un mamelon d'où l'on aperçoit la vallée d'El Ouatia. Par une bise glaciale, le capitaine Meullé-Desjardins et le lieutenant Lecocq y ont gravé cette inscription commémorative : « A la mémoire du marquis de Morès, tombé à El Ouatia, le 9 juin 1896, en combattant vaillamment. »

*
* *

De Mechiguig ou d'El Ouatia on gagne, à travers un plateau pierreux, le Siah et Touil, longue vallée que nos commissaires ont su faire attribuer à la Tunisie.

A ce propos, il paraitra peut-être bon de dire un mot du mode de travail de la Commission. Tout d'abord, on se mettait d'accord sur la direction de la frontière, en se basant sur la convention de Tripoli ; puis on fixait cette frontière sur le terrain, en cherchant à la faire passer par des points saillants, faciles à reconnaitre, où on élevait des bornes. Parfois, la discussion trainait ; alors on allait déjeuner ou on faisait un bridge et on recommençait le lendemain. Aucune difficulté n'a résisté à trois jours de bridge ! En somme, nous avons eu presque tout ce que nous demandions. Il faut reconnaitre que nos commissaires avaient l'avantage du terrain avec lequel les commissaires ottomans n'étaient pas familiarisés. Au surplus, ils doivent se dire aujourd'hui que ce n'était pas la peine de nous disputer quelques dizaines de palmiers ou quelques centaines d'hectares de pierres ; ils doivent même regretter de ne pas nous avoir donné Ghadames, histoire de faire un mauvais tour aux Italiens.

Le Siah et Touil débute par un ravin en V, entaillé dans les calcaires qui revêtent le plateau ; une large vallée à fond plat, en U, encaissée d'une vingtaine de mètres, succède à ce ravin ; elle se poursuit sur une trentaine de kilomètres jusqu'à la rencontre de l'Oued Yar, qui offre le même caractère. C'est là une excellente voie caravanière, dont le sol de *reg* est favorable à la marche ; si elle nous eût échappé, nous eussions dû nous contenter d'une piste située plus à l'ouest, qui est très sableuse. Il ne faudrait pas croire que les caravanes soient bien nombreuses ; nous en avons croisé trois, comptant une cinquantaine de chameaux au total. Elles portaient surtout des dattes. Les hommes étaient armés jusqu'aux dents de vieux fusils aussi dangereux pour eux que pour leurs agresseurs.

Au confluent du Siah et Touil et de l'Oued Yar existait autrefois un puits que les habitants de Ghadames avaient bouché, il y a une soixantaine d'années, pour rendre plus difficile aux pillards l'accès de leur ville. Le commandant Donau l'a fait recreuser et lui a donné le nom de Bir Alapetite, en l'honneur du Résident général. Ce ne fut pas un petit travail, car il fallut percer 40 mètres d'alluvions. Cela nous explique la forme en U de la vallée principale, qui est aux deux tiers remplie par des cailloutis. Avant de quitter le Siah et Touil, notons l'aspect très différent des deux versants : le versant oriental disparait parfois entièrement sous le sable amené de l'Erg, tandis que le versant occidental est net de toute particule sableuse. Les petites dunes portent de beaux pieds de *rtem*, qui étaient en fleurs lors de notre passage. Ces grands plumeaux verts sont d'autant plus florissants que c'est une des rares choses que les chameaux refusent de manger.

Pour sortir du Siah et Touil, il faut gravir une berge escarpée, où un peu de sable cache traîtreusement des pierres aiguës. Les chameaux passent sans incidents. Nous voilà sur un immense plateau qui s'étend aussi loin que la vue peut porter ; rien ne dépasse la rectitude inexorable de l'horizon. Qui dira la désolation de cette *hamada?* Vraiment, elle justifie son nom, qui signifie « sol pierreux, brûlé et dépourvu de végétation ». Une mer de pierres : partout des dalles grises, soulevées et disloquées par le boursouflement des couches gypseuses sous-jacentes, des silex bruns, éclatés en lames tranchantes, des blocs de grès rouge ou noirâtre, débris d'une dalle supérieure. C'est là le vrai désert. En quelques endroits, il faut prêter attention pour apercevoir les représentants du règne végétal, tellement ils sont humbles et ternes ; ils semblent se dissimuler derrière les pierres pour échapper à la dent inexorable des chameaux. Un silence complet plane sur ces solitudes. Pas d'oiseaux; à peine, de loin en loin, aperçoit-on un corbeau ou un gentil oiselet, la *mokka*, dont le plumage gris est rehaussé de bandes noires sous les ailes. Il s'él.. .e verticalement, en sifflant une gamme ascendante qu'il n'achève jamais, puis il pique une tête vers le sol. Les Arabes du Sud comparent son chant au bruit que fait une poulie mal graissée. Il sont très forts pour inventer des fables basées sur une vague harmonie imitative. La mokka est précisément l'un des héros d'une de ces fables que Michal a bien voulu transcrire à mon intention.

« Jadis, une société fut formée par quelques habitants du désert pour acheter un chameau; les participants étaient la *mokka*, la bergeronnette (*oum sissi*), le corbeau (*ghrab*), la chouette (*bouma*), l'alouette (*gombra*), la huppe (*si tebbib*) et la grenouille (*djrana*).

« La garde de l'animal fut confiée à un berger du nom de Si Saïd. Celui-ci, ainsi qu'il arrive trop souvent à ses congénères, poussa la paresse et la négligence si loin qu'un jour, en se réveillant d'un sommeil qu'excusait peut-être l'élévation de la température, il constata avec une pénible surprise la disparition du dromadaire de l'association. Après des recherches qui se prolongèrent assez avant dans la nuit, il dut se résoudre à porter le fait à la connaissance de ses maîtres. Ceux-ci se répandirent aussitôt dans le pays pour retrouver l'animal, qui constituait toute leur fortune, et chacun employa les moyens qui lui semblaient les plus propres à la découverte du fugitif.

« La mokka imitait le crissement des poulies du puits où le chameau était employé pour le puisage de l'eau. Elle espérait ainsi lui faire retrouver plus vite le chemin du campement.

« La bergeronnette allait au-devant de tous les chameaux qu'elle apercevait et se perchait sur leur échine pour lire la marque de tribu qu'ils portaient (chaque tribu a une marque spéciale qu'on imprime sur la cuisse des chameaux). Comme chez nous, la bergeronnette aime la compagnie des troupeaux ; elle happe les insectes qui entourent les chameaux ou vivent sur eux en parasites.

« Le corbeau, *ghrab*, tournoyait dans les airs et, ne voyant rien, croassait éperdûment : *ghab, ghab,* « il a disparu ».

« La chouette hululait désespérément : *baouh, baouh,* « on l'a vendu ».

« L'alouette modulait : *ouaïne el djemel, ia Si Saïd,* « où est le chameau, Si Saïd ? »

« La huppe, trouvant insupportables les plaintes de l'alouette, lui criait : *oskoti, ia bent el kelb, khalli en nas tessebbeb,* c'est-à-dire : « tais-toi, fille de chien, laisse les gens vaquer à leurs affaires. » Le mot *tessebbeb* rappelle vaguement le cri de la huppe, cri

LE SIAH ET TOUIL, VU DE BIR ALAPETITE.

LA HAMADAT DE GHADAMES RENDRAIT DES PIERRES A L'ARABIE PÉTRÉE ELLE-MÊME.

étouffé que les Arabes reproduisent par l'onomatopée *te-seb-beb-beb-beb*.

« La grenouille, de son côté, cherchait autour des sources et poussait son coassement qui ressemble assez au bruit que font les Arabes avec leur bouche pour calmer un animal effaré. »

J'espère qu'un tel déploiement d'ingéniosité linguistique ne resta pas sans résultat et que le chameau fut retrouvé, mais je dois vous avouer que je n'en sais rien, l'histoire ne le dit pas.

Avec le braiment d'un méhari, effroyablement geignard, le sifflement de la mokka était le seul bruit qu'on entendait sur la hamadat, les deux hôtes les plus communs de cette triste contrée étant deux personnages muets: le lézard et la fourmi. Parfois, un lièvre isabelle déboule d'une touffe d'herbe et se sauve prestement à la recherche d'un autre abri. Quelques gazelles s'aventurent sur le bord du plateau que nous foulons, mais elles ne tardent pas à rentrer dans l'Erg dont les croupes fauves émergent dans l'ouest.

A un moment, un petit troupeau de ces gracieux quadrupèdes apparaît juste en face de nous, à 500 mètres ; les trois femelles broutent tranquillement, mais le mâle est inquiet; il dresse sa tête ornée de cornes superbes et inspecte l'horizon. Comme le soleil est derrière nous, il ne nous voit pas et se remet à paître. Déjà Khalifat a glissé de son méhari et prend le vent pour approcher les bêtes. Il rampe, le mousqueton en main et le coutelas entre les dents. Le voilà à 200 mètres; il pourrait tirer, mais non, il veut s'approcher encore. Les Arabes ne tirent guère qu'à coup sûr, ils marchent une journée entière pour fusiller leur proie à bout portant. La poudre est chère, mais cette fois ce sont les cartouches du gouvernement; Khalifat a donc une autre raison d'attendre : c'est qu'il désire avoir sa part du festin que nous nous offrirons; or, pour qu'il puisse y participer, il faut que l'animal ait été tué suivant le rite imposé par le Coran. Lorsque la bête aura été couchée sur le sol par la balle, il faut qu'il ait le temps de bondir sur elle, de lui couper la gorge et de la saigner avant qu'elle soit morte; c'est pour cela qu'il a son coutelas tout prêt et qu'il cherche toujours à avancer. Seulement, le méhari de Belkassem n'a pu se taire cinq minutes, l'alarme est donnée, et le troupeau détale en bondissant avec des mouvements d'une souplesse admirable que je m'amuse à suivre un instant à la jumelle.

Après cette petite distraction, la marche continue, monotone et fatigante, sur ce plateau aux rudes aspérités. De loin en loin, un petit tas de pierres, un *guemir*, indique la route à suivre dans ce désert. Parfois, on rencontre une petite enceinte carrée, formée de pierres posées de champ et laissant une ouverture du côté de l'occident; c'est une mosquée en plein air, une *msalla*. Henchir el Bessessa forme un repère un peu plus important; c'est un gros tas de pierres atteignant deux mètres de hauteur sur sept ou huit de diamètre. Nul doute que ce soit un *redjem*, un de ces tombeaux très anciens dont les guides ne connaissent pas l'origine; ils sont antérieurs à l'Islam, c'est tout ce qu'on en peut dire. La plupart d'entre eux ont été éventrés par des gens à la recherche d'un trésor, mais on en trouverait encore d'intacts. Le commandant Donau a ouvert l'un d'eux, près de Kebilli; il y a trouvé un squelette allongé sur le dos, mais aucune poterie, aucune arme, rien qui permette de fixer la date de ces sépultures. Quant au mot de *bessessa*, il désigne un mets formé de farine pétrie dans l'huile, à laquelle on ajoute parfois du lait et des dattes. Pourquoi ce mot d'Henchir el Bessessa se trouve-t-il en divers endroits autour de Ghadames? Cela se rattache, sans doute, à une coutume que j'ignore.

Peu à peu, le sable augmente; l'Oued Bir en est barré; la Garat Nalout disparaît à moitié sous le sable, qui a poli et guilloché les strates non recouvertes. Les cailloux du sol sont taillés à facettes par cet instrument puissant et inlassable qu'est la poudre de quartz chassée par le vent du désert; les silex eux-mêmes sont parfois polis. Bientôt le sable revêt la roche d'un tapis continu, sur lequel s'allongent quelques petites dunes en croissant, de huit à dix mètres d'altitude, et enfin nous atteignons les dunes d'El Bab, éperon détaché du Grand Erg qu'il nous va falloir franchir le lendemain.

Il serait peut-être plus exact de dire El Biban qu'El Bab, car, en fait, il y a plusieurs portes. Celle que nous avons utilisée est assez facile. Le trajet dans le sable ne dépasse pas deux kilomètres, et les crêtes les plus élevées n'ont que de 30 à 40 mètres ; à côté, quelques sommets doivent atteindre 60 ou 80 mètres. Il est de toute évidence que ce sont des pitons rocheux bordant une large vallée qui a été barrée par le Grand Erg. D'un piton à l'autre courent de longues guirlandes, des crêtes à flancs dissymétriques, des *siouf*, qui enserrent des dépressions en entonnoir ou de larges cuvettes (*houd*, *sahan*, bassin, assiette), où le substratum crétacé est souvent à nu. Bientôt, nous retrouvons le sol ferme et nous descendons par une pente douce, toute noire de silex éclatés, jusqu'à la sebkhat de Mzezzem, dont la traversée ne présente pas de difficultés.

Les commissaires ottomans n'ont pas voulu nous concéder cette route de l'Est et nous avons dû nous contenter d'une autre piste, qui oblige à traverser une seconde bande de dunes. Heureusement, on profite d'un long couloir, qui a une douzaine de kilomètres de longueur, coupé seulement de veines transversales ne dépassant pas quelques mètres. A la sortie, il y a une crête d'une trentaine de mètres.

Avec un bon guide, on est vite tiré d'affaire, mais sans cela, on s'expose à un jeu de montagnes russes qui manque de charme. Les dunes bordant le couloir mesurent une soixantaine de mètres, en moyenne, bien que certaines atteignent 100 mètres (mesurés); ce sont les plus grandes que nous ayons rencontrées. L'effet est déjà imposant. Je ne sais pourquoi, une dune de 100 mètres paraît bien plus haute qu'une colline de même altitude. Dans l'ensemble, ce sont des coupoles ou des dos d'âne dont les deux versants ont presque la même pente, sauf sur les derniers mètres, où le vent édifie une crête aiguë, un *sif*, qu'il détruira le lendemain, si sa direction change. Ce sable est d'une telle finesse que le moindre vent le soulève ; il court en ruisseaux, il vole, il entre partout, au grand détriment des appareils photographiques. Il n'est pas rare qu'un mètre de sable soit enlevé en un jour, mais les effets opposés se balancent. En somme, ces dunes sont fort peu mobiles; seule, leur surface oscille autour de certaines positions; c'est qu'elles sont liées à des élévations préexistantes, à des *gour*, qui en constituent l'ossature et dont la forme se traduit même dans le profil de la dune, abstraction faite du modelé superficiel.

On a souvent comparé ces grandes dunes aux vagues de la mer ; quelque surannée qu'elle paraisse, la comparaison se présente naturellement, et l'une

des photographies reproduites ici pourra la justifier. Ces grandes vagues sont toutes frisottées, ornées de dunes microscopiques, comparables aux
ondulations produites sur le fond de la mer par le
clapotis de l'eau. Divers auteurs se sont appliqués
à décrire, en style plus ou moins imagé, les dures
du Grand Erg. On m'excusera de ne pas me livrer
au même exercice littéraire; je préfère renvoyer
aux photographies, qui donneront une idée plus
exacte que les longues descriptions.

On y verra que la végétation n'est pas très serrée,
et cependant l'Erg est un paradis, par rapport à la
hamadat; contrairement à une légende que les récits
des voyageurs n'ont pas encore réussi à vaincre,
les « sables du Sahara » sont la seule partie de ce
pauvre pays qui ne soit pas complètement stérile ;
à leur base se concentre un peu d'humidité que
vont pomper les racines immenses des plantes
sahariennes. Le véritable désert, c'est le désert
de pierre, c'est la hamadat, que les caravanes
n'abordent jamais sans angoisse. Pour résister à
la sécheresse, les plantes du Sahara ont recours à
divers expédients qui leur permettent de diminuer
l'évaporation : les unes ferment leurs stomates, les
autres réduisent leurs feuilles au point de les sup-
primer, aussi la plupart de ces plantes ressem-
blent-elles à un balai plus ou moins desséché.
L'*alenda*, qui est peut-être la plante la plus carac-

téristique de l'Erg, a perdu ses feuilles dont la fonction est accomplie par l'extrémité verte des rameaux; comme aspect extérieur, il rappelle une touffe de genêt munie d'un pied court et gros. L'*azel* est un arbuste, presque un arbre, aux feuilles réduites, qui se couvre, au printemps, de fleurs analogues à celles de l'aubépine. Les chameaux en raffolent; ils mangent aussi bien le bois que le reste. L'*arta* est une forme réduite de la même plante; il se reconnaît à son tronc noueux, ne dépassant guère un mètre de hauteur. Le *semhari* se présente sous l'aspect de baguettes grêles, portant des feuilles très réduites. Ces plantes ne se rencontrent pas en dehors du sable. Au contraire, le *baguel*, le *dhomrane* et même le *had* prospèrent également sur les terrains calcaires de la hamadat. Ils forment de grosses bouillées peu élevées, d'un vert glauque; leurs feuilles, courtes et charnues, sont fort appréciées des chameaux que n'effrayent pas les piquants terminant les feuilles de *had*. Quelques graminées, entre autres le *sbolh*, dont les tiges ont presque l'aspect de petits roseaux, complètent la pâture.

Au fond, la flore est très peu variée; il faut en dire autant de la faune. L'Erg est le domaine des gazelles et des antilopes. Les Souafa et les Chaannba leur font une chasse active et viennent les vendre à Ghadames. La chair de la gazelle est très délicate : c'était un régal quand un chasseur abattait un de ces gracieux animaux. Les Arabes distinguent trois variétés de gazelles (soit dit en passant, ce nom est un mot arabe, *ghzel*, que nous avons adopté). La variété la plus petite et peut-être la plus répandue, aussi bien dans l'Erg que sur les plateaux, est le *sin* ou *souin;* ses cornes sont assez courtes, droites ou un peu arquées; on la trouve non seulement dans le Sahara, mais même dans les steppes du Sud de la Tunisie. Le *ledmi* est la variété que les indigènes appellent souvent la « gazelle rouge », parce que le poil est très roux sur les flancs. Cette variété est un peu plus grande que la précédente; les membres sont solides et la tête est ornée de cornes assez grosses, recourbées en lyre. Le *rim* est encore plus grand (il approche de la taille du chevreuil); il se distingue par son ventre blanc, ses membres grêles, ses cornes longues et droites, parfois recourbées en arrière, près de la pointe. A côté de la gazelle se trouve l'antilope, le *beguer el ouach*, qui atteint la taille d'une biche et qui vit en bandes nombreuses dans les grandes dunes. Dans la région que nous avons parcourue, ce nom ne désigne pas le bubale, mais le *meha* (*Antilope addax*). Le pelage est plus foncé que celui de la gazelle; les joues sont marquées de brun et de blanc; la tête porte de fortes cornes divergentes, annelées, atteignant 70 centimètres de longueur. Le *mohor* est une antilope encore plus grande qui se

Tripolitaine interdite.

Pl. 11, page 80.

LES GRANDES DUNES D'EL BAB.

fait remarquer par son pelage clair et par ses cornes recourbées en avant; les Touareg emploient sa peau pour faire des boucliers. Cette espèce existe aux environs de Ghadames, mais se trouve surtout plus au sud. Le mouflon (*oudad*) n'est pas rare dans la région de Djeneien, sur les plateaux rocheux; il ne s'aventure pas au cœur de l'Erg.

Comme carnassiers, on rencontre surtout le *fen-nec*, si amusant avec son museau pointu et ses grandes oreilles, le guépard (*fehed*), qu'on dressait autrefois à chasser la gazelle, le chacal (*dhib*) et parfois la hyène. Mes hommes prétendaient que ces animaux ne boivent jamais, pas même les carnassiers! Il est à peine nécessaire de relever la puérilité de cette opinion, mais il est certain que les carnassiers eux-mêmes doivent passer de longs jours sans boire. L'inégale résistance à la soif chez les herbivores et chez les carnassiers n'a pas échappé aux chasseurs de l'Erg, comme le prouve un proverbe répandu chez eux: « Traces de chacal, repose-toi; traces de gazelle, ceins-toi et marches » (car tu peux avoir encore beaucoup de chemin à parcourir avant d'atteindre un puits). Khalifat, qui est un grand chasseur devant le Prophète, m'a raconté que les antilopes ont dans le ventre une poche d'eau qui suffit à remplir cinq bouteilles. Il a eu maintes fois recours à cette gourde envoyée du ciel; l'eau en est très douce et excellente à boire. On la recueille précieusement et on l'expédie jusqu'à Tunis ; c'est un cadeau fort apprécié : celui qui en boit n'est jamais malade.

L'autruche était très commune, il y a un petit nombre d'années. Le premier officier qui est venu à Douz ne fut pas peu étonné lorsque le cheikh lui servit un œuf d'autruche à la coque ! Khalifat se rappelle avoir vu une jeune autruche que son père avait prise au nid et qui fut vendue à Tunis. Après ce qu'il m'a raconté, il n'est pas surprenant que cet oiseau ait complètement disparu. Les Arabes chassaient l'autruche au printemps ; ils cherchaient les nids et tuaient la mère sur le nid. Le mâle venait alors couver les œufs. On le tuait à son tour et on mangeait les œufs. Les autruches de l'Erg étaient très appréciées, parce qu'elles n'avaient pas les plumes déchirées par les rochers ; une dépouille de mâle valait 300 francs. L'espèce devait succomber sous cette chasse stupide ; mais on s'explique comment on rencontre encore beaucoup de fragments d'œufs. Un des membres de la Mission a même recueilli, dans le sable, des œufs entiers.

*_**

Au sud des dunes d'El Bab s'allonge la Sebkhat Mzezzem, dépression sans écoulement dont le fond est tapissé de cristaux de sel qui réfléchissent les rayons du soleil de façon aveuglante. Cette croûte saline est peu résistante ; le pied des animaux s'y enfonce en projetant un petit nuage blanc. Le sel est surtout abondant dans la partie occidentale ; le passage des caravanes y a creusé des petits routins, des *medjbeds,* que les chameaux suivent consciencieusement. Cette sebkhat est un ancien cours d'eau dont les berges sont encore reconnaissables et qui a été barré par les grandes dunes que nous venons de traverser.

Mzezzem est une misérable oasis, comprenant une cinquantaine de palmiers, groupés autour de quelques puits détestables. Tout respire l'abandon ; il n'y a aucun habitant, et les palmiers sont livrés à eux-mêmes. Les Turcs avaient construit sur ce point un petit fortin, qui est complètement en ruines, bien qu'il n'ait guère qu'un demi-siècle. Malgré sa tristesse, le site n'est pas sans charme.

Après avoir traversé la sebkhat, d'une blancheur éblouissante sous le soleil de midi, nous abordons sur un sol de roches noires, couvertes de fossiles, parmi lesquels le géologue reconnaît avec satisfaction une curieuse ammonite d'Egypte. Peu après, nous campons dans un endroit désolé, après avoir, suivant la coutume, descendu à cloche-pied la petite butte de Noguiza. Sur le sommet est enterré un marabout nègre qui se cassa la jambe et peut-être se tua en se livrant à cet exercice, que chacun doit répéter la première fois qu'il vient à Ghadames. Le deuxième rite consiste à élever une petite pyramide de pierres. Nous ne manquâmes ni à l'un ni à l'autre.

Au petit jour, nous sommes en route, car il s'agit d'arriver de bonne heure à Ghadames. Nos hommes ont fait toilette et ne demandent qu'à marcher.

Devant nous s'étend une plaine indéfinie, fermée par la Hamadat el Hamra, qui dépasse à peine l'horizon. Sur la plaine noire se dressent quelques témoins d'érosion, quelques *gour*, aux formes rigides. La piste (c'est une des plus grandes routes du Sahara) est jalonnée par des *gemraoua*, des pyramides de pierres, un peu plus élevées que de coutume. Depuis neuf jours que nous avons quitté Dehibat, nos yeux s'étaient peu à peu déshabitués de toute verdure, mais vraiment nous ne nous attendions pas à un tel tableau. A partir de Mzezzem, la désolation dépasse tout ce qu'on peut imaginer. Plus aucune trace de végétation; à plus d'un jour autour de Ghadames, les chameaux ne trouvent rien à manger, et cependant ils ne sont pas difficiles. (Pendant notre séjour, nous avons dû envoyer nos chameaux au pâturage dans l'Erg.) Le sol est couvert de silex bruns ou noirs, émergeant d'une poudre de gypse qui s'envole sous le pas des bêtes, comme un nuage de poudre de riz. On se demande comment les chameaux ne se coupent pas la sole des pieds sur ces silex tranchants et brûlants. Partout des pierres, rien que des pierres! Ce pays rendrait des points (ou plutôt des pierres) à l'Arabie Pétrée elle-même! Au surplus, la description et les photographies de ce dernier pays que donne M. Douglas Carruthers, pourraient avoir été prises aux portes de Ghadames.

De bon matin, nous croisons la caravane d'un nègre qui a fait fortune à Tripoli et qui revient vivre à Ghadames. La veille, ses émissaires avaient couché à notre camp; ils allaient prévenir les femmes de se tenir prêtes à recevoir leur seigneur (précaution utile, insinue Bouvet). Le nègre est revêtu d'un pantalon de soie rouge qui dépasse sous une magnifique gandourah violet évêque; un petit haouli blanc est jeté sur ses épaules. Il fait un effet magnifique au milieu du désert!

Je grimpe sur les Gour Hattaba, collines tabulaires qui bordent la route, à l'ouest, et qui dépassent la plaine d'une cinquantaine de mètres. Sur la dalle rocheuse qui revêt l'une des éminences subsistent des restes d'habitations, tandis que des cavernes de troglodytes se voient à un niveau inférieur. Cela rappelle les ksour berbères du Sud tunisien et du Djebel tripolitain. Pourquoi les habitants ont-ils quitté leurs demeures? A quelle époque? Je l'ignore.

Aucune trace de dessins rupestres, mais, sur une grosse pierre plate, le commandant Donau a relevé une inscription en caractères tifinagh que j'ai

soumise à deux autorités en la matière, M. Basset
et Sidi Saïd Bou Lifa. Les inscriptions tifinagh sont
d'autant plus difficiles à déchiffrer qu'on n'est pas
encore exactement fixé sur la valeur de tous les
caractères; aussi importe-t-il de relever tous les
documents qu'on peut rencontrer. Un autre problème consiste à trouver le sens dans lequel il faut
lire l'inscription, car l'écriture se trace aussi bien de
droite à gauche que de haut en bas ou réciproquement. Il arrive que les Touareg eux-mêmes sont
parfois incapables de déchiffrer ce qu'ils ont écrit.
Dans le cas présent, une nouvelle complication dé-
coule de ce fait que l'écrivain semble avoir cherché
à dissimuler le vrai sens de son texte; on se trouve
donc en présence d'une de ces inscriptions « à clef »
dont on possède déjà quelques spécimens. Il s'agit
de trouver la clef! On voit qu'il faut se livrer à une
véritable acrobatie pour déchiffrer l'énigme. Œdipe
et Champollion auraient eu là un beau sujet d'étude.
On comprend, dès lors, que Si Saïd Bou Lifa ne
donne sa lecture qu'avec de légitimes réserves.

L'inscription des Gour Hattaba, qui paraît assez
récente, doit se lire de droite à gauche; la deuxième
ligne est la tête en bas, le graveur s'étant placé
sur le rocher pour l'écrire. Quant à la clef, elle con-
sisterait dans une coupure et un entrelacement des
lettres dont il faut rétablir l'ordre. On me permettra
de passer ici sous silence la dissertation que m'a

fournie le savant berbérisant d'Alger, pour arriver tout de suite à sa traduction. La voici, avec la transcription des tifinagh en caractères latins :

Aoua	*nek*	*Sadoun*	*Ba-Rennan*
Ceci (est de)	moi	Sadoun	Ba-Rennan (ou Bournan)

n	*Ihnan*	*(enhir'?)*	*adjenna*	*oult*
des	Ihnan	(ai vu)	un matin	la fille

Tachat	*illan*	*Azger*
de Tachat	qui est (chez les)	Azger

Je tiens à vous donner une autre traduction également vraisemblable (vous ferez votre choix) :

« Ceci est de moi, Sadoun Ba-Rennan. — Nana la fille de Tachat est supérieure » (sous-entendu évidemment : en beauté à toutes les femmes!)

Jadis, Orphée écrivait le nom d'Eurydice sur l'écorce des arbres; en l'absence de tout arbre, le chevalier targui Sadoun Ba-Rennan a bien été obligé d'écrire sur la seule chose qui pousse sur les Gour Hattaba : les pierres! Nous comprenons maintenant pourquoi le galant nomade a tracé une inscription à clef. Il y a partout des jaloux!

J'avoue qu'en redescendant la colline, je ne songeais ni à Orphée, ni à Nana, mais plus simplement à Ghadamès qui venait de m'apparaître comme une longue tache sombre plaquée contre le rebord de la hamadat. Ce n'est pas sans émotion que j'aperçus cette antique cité qui revendique le titre de « reine du Sahara », reine déchue, il est vrai, et qui cache sa misère loin du monde. Certes, bon nombre de voyageurs l'avaient visitée avant nous : Laing, Richardson, Dickson, Duveyrier, de Bonnemain, Mircher, de Polignac et Vatonne, Rohlfs, Largeau, mais depuis quarante ans cette oasis célèbre était entièrement fermée aux Européens ; seul, Cornetz réussit à y entrer sous un déguisement, mais il dut s'éloigner au bout de quelques heures. Les circonstances nous permettent de compter sur un meilleur accueil; aussi pressons-nous l'allure, impatients d'entrer dans la ville interdite, qui conserve encore quelque chose de son mystère.

CHAPITRE III

GHADAMES, LA CITÉ MYSTÉRIEUSE

Ghadames. — Histoire. — Aspect général de la ville. — Les quartiers. — Les rues voûtées. — La grande mosquée. — Le souk. — La source. — La place du Mûrier. — Les Zaouïas. — Les Senoussia.

L'HISTOIRE de Ghadames est encore fort mal connue. Nous savons par un passage de Pline que le consul Lucius Cornelius Balbus conduisit les aigles romaines jusqu'au Fezzan. A son triomphe figuraient les emblèmes des villes qu'il subjugua, entre autres, Garama et Cydamus. Cette conquête eut lieu en l'an 19 de notre ère. L'inscription trouvée par Duveyrier permit d'assimiler définitivement Cydamus à Ghadames. Cette inscription nous apprend encore que, sous le règne de Septime Sévère, la IIIe légion, cantonnée à Lambèse, avait un détachement à Ghadames.

Il est évident que la ville est bien antérieure à la conquête romaine, mais les divers historiens que j'ai consultés ne disent rien à ce sujet. Les auteurs arabes n'en parlent même que de façon incidente. Il existe à la Bibliothèque Nationale un manuscrit arabe que M. Houdas a eu la grande bonté de me lire et qui fournit quelques renseignements intéressants. Ce manuscrit est daté du 7 moharrem 1181 (6 juin 1767) et signé de Moustapha Khoudja Ben Kassem el Masri. Ce qualificatif d'el Masri, qui signifie l'Egyptien, pourrait faire penser que l'auteur appartenait à l'illustre université d'El Azar, au Caire, mais d'après certaines phrases du texte, il semble avoir vécu à Ghadames.

Le manuscrit débute par une légende relative à l'origine de la ville et encore vivace aujourd'hui, puisqu'elle nous a été racontée par un notable commerçant, El Ensari.

Ghadames est une ville très ancienne, du temps de Nemrod, fils de Sem, fils de Noë, fils d'Adam. C'est un cavalier du peuple de Nemrod qui découvrit la source. D'après la tradition rapportée par Ahmed el Ensari, ce serait une jument qui l'aurait fait jaillir, en frappant la terre avec son sabot, d'où le nom d'*Aïn el Fress*, donné à la grande source. C'est une histoire banale que les Arabes racontent à propos de mainte source. Une caravane passant par la vallée où est installée Ghadames s'arrêta pour déjeuner et faire la sieste, puis elle se remit en route. Le lendemain, les gens s'aperçurent qu'ils avaient oublié un instrument de cuisine; alors l'un d'eux s'écria: « Nous l'avons laissé *dans le déjeuner d'hier* », « *fi gheda ems* »; telle serait l'origine du mot Ghadames. Il n'est pas besoin de relever combien cette étymologie est fantaisiste (tout d'abord les cavaliers de Nemrod ne parlaient pas arabe, ce qui les empêchaient de faire des calembours en cette langue), mais les Arabes sont très forts pour inventer des étymologies, autant que des fables, reposant sur des à-peu-près. Comme divers auteurs l'ont déjà avancé, il est infiniment probable que Ghadames est le même mot que Cydamus; les Romains avaient simplement latinisé sur le nom berbère ou libyque de la localité.

Le manuscrit donne également une autre étymologie : le premier habitant de la ville aurait été un nommé Ighdames. Dieu connait la vérité! ajoute prudemment El Masri.

De la longue filiation des diverses fractions, nous retiendrons seulement ce fait que les premiers habitants venaient de l'est ou plutôt du nord-est, du désert libyque. L'oasis d'Aoudjila est mentionnée comme le pays de certains d'entre eux. Parmi les premiers occupants se trouvaient des Beni Mazigh. Duveyrier et Motylinski ont montré que ce nom de Mazigh est le même que celui d'Amazigh, dont le pluriel est Imazighen, Imochagh. C'est sous ce nom que certains Touareg se désignent encore. Or, le nom de Beni Mazigh a été conservé par une fraction de Ghadames dont les gens se disent cousins des Touareg. Quant aux Beni Ouasit et aux Beni Oulid, qui sont encore les deux grandes fractions, ils tirent leur nom des deux fils d'un des premiers chefs. Dès les temps anciens, de violentes rivalités se manifestèrent, ainsi que des disputes au sujet de l'eau, d'où l'on peut conclure que c'était déjà une denrée rare et précieuse. Des éléments étrangers s'ajoutèrent aux premiers occupants. Les Beni Derar seraient originaires de Damas, tandis que les Djerissane seraient venus de l'ouest au temps du prophète. Il fallut alors modifier la répartition de l'eau.

Ghadames a été conquise à l'Islam par Okba ben Hamir; il ne faut pas confondre celui-ci avec Okba ben Nafi, qui conquit l'Ifrikia et dont le tombeau est près de Biskra. Okba ben Hamir mourut à Ghadames où il est enterré. Jusqu'au temps des Hafsides, la ville ne paya pas d'impôt aux sultans; elle se soumit d'ailleurs assez aisément, sauf à certaines époques où il fallut envoyer une colonne pour faire rentrer les sommes dues (auxquelles on ajoutait de fortes contributions de guerre). El Masri énumère quatre expéditions de ce genre, dont la dernière eut lieu dans les premières années du XVIIIe siècle. Elle était conduite par le caïd Ramdan, chef des troupes militaires de Tunis, ce qui prouve qu'à ce moment Ghadames relevait du bey de Tunis. Les Ghadamsiens voulaient bien payer l'impôt, mais ils avaient refusé le petit supplément demandé par Ramdan: huit eunuques de quinze ans, huit négresses et divers objets de fabrication locale. La colonne Ramdan ne comptait pas moins de 2500 hommes, 400 cavaliers et 3000 chameaux. Notre auteur, qui semble avoir été témoin des événements, raconte ceux-ci avec complaisance. Les Ghadamsiens firent une grande sortie et le combat fut si violent que « le jour était devenu la nuit ». Pendant ce temps, les femmes libres descendirent dans la rue le visage découvert, avec des cordons dans les cheveux, les enfants prirent leurs planchettes sur lesquelles ils apprennent à écrire les versets du Coran, et tous firent une procession dans les rues et aux mosquées, en criant : « Secours-nous, ô protecteur ! » Dieu les exauça et les habitants de Ghadames furent vainqueurs. Le combat continua avec acharnement le lendemain et le surlendemain. Dans cette grande bataille, Ghadames perdit 10 hommes libres et 20 esclaves ! Finalement les Ghadamsiens triomphèrent, ce qui ne les empêcha pas de payer une forte contribution de guerre; ceci laisse subsister quelques doutes sur le résultat du combat. On a dit que Ghadames était le Marseille du désert ; et en effet, notre chroniqueur semble Marseillais.

Les documents historiques font ensuite complètement défaut pendant plus d'un siècle, jusqu'à l'époque où s'ouvre l'ère des explorations. Au moment de la venue du major Laing (1826), assassiné quelques années plus tard au Soudan, les Ghadamsiens s'administraient encore à leur guise. C'est seulement en 1842 que la Porte envoya un fonctionnaire à Ghadamès. C'était un *mouïdir*, un employé subalterne, qui était tout seul et dont le rôle ne devait pas être très facile. Plus tard, on lui donna quelques soldats qui mouraient de faim et qui n'avaient qu'une idée : retourner chez eux. Richardson nous a décrit leur misère. Pour les empêcher de se sauver, le mouïdir n'avait rien trouvé de mieux que de confisquer leurs fusils! Après la venue de la mission Mircher, les Ghadamsiens demandèrent l'appui de la Porte et le mouïdir fut remplacé par un *kaïmakam* ou gouverneur (1864 ou 1865); mais c'est seulement à partir de 1874 que Ghadamès fut occupée régulièrement par une véritable garnison turque.

*
* *

Pour le voyageur qui arrive du nord, Ghadamès apparaît d'abord comme une étroite bande, d'un vert noirâtre, plaquée au pied d'un léger ressaut de terrain; à droite de la piste, quelques collines rousses, à sommet plat; à gauche, un pain de sucre, le Ras Ghadamsi, où une vigie demeurait en permanence pour signaler l'approche des pillards du désert et donner l'alarme.

De plus près, on distingue une longue muraille grise, au-dessus de laquelle émergent les aigrettes

(94)

des palmiers. Le contraste est saisissant entre le vert brillant de la palmeraie et la teinte terne et sombre de la plaine environnante, entre la riche végétation de l'oasis et la stérilité absolue des alentours. Les jardins, comme la ville, sont ceints de remparts que dominent encore quelques tours carrées; pour le Sahara, c'était une protection efficace; désormais, des monceaux de ruines marquent, sur bien des points, l'emplacement de ce mur en briques crues, parmi lesquelles étaient parcimonieusement disséminées quelques pierres; toute la partie sud-est de l'enceinte s'est écroulée et de nombreuses brèches se voient du côté septentrional; quelques poternes sont encore reconnaissables à l'ouest, tandis que les trois portes principales s'ouvrent au sud de l'oasis, où sont concentrées les habitations.

A deux cents mètres des remparts commence un plateau, qui domine la plaine d'une dizaine de mètres et qui commande la ville; il porte les ruines d'un fortin turc, excellent observatoire d'où l'œil plonge sur l'oasis. A nos pieds, une infinité de pierres fichées en terre marquent l'emplacement d'une immense nécropole; deux marabouts vénérés, Sidi el Bechri et Sidi el Bedri, ont leurs tombeaux surmontés d'une coupole immaculée, de caractère tunisien. Au contraire, c'est le Soudan et les oasis du désert libyque qu'évoquent les habitations dont les

(95)

terrasses sont ornées de cornes en terre, blanchies à la chaux. Les remparts offrent, de ce côté, une silhouette irrégulière, car ils sont simplement formés par le dos des dernières maisons, où les ouvertures sont réduites à de rares fenêtres, ayant presque l'aspect de meurtrières. Seule, une maison, sur laquelle flotte le pavillon ottoman, présente une porte et de larges fenêtres; c'est une construction récente où sont installés les services administratifs, quelque chose comme la préfecture. Par-dessus les premières maisons surgit une forêt de palmiers, au milieu de laquelle se détachent les hautes maisons du centre de la ville; leur blancheur contraste avec le vert des frondaisons, piqueté çà et là par quelques taches éclatantes : maison isolée dans les jardins ou koubba. Chose singulière, pas un de ces gracieux minarets dont Tunis, Sousse, Kairouan et Monastir nous offrent de si beaux exemples, pas plus que de ces curieux minarets soudanais dont Agades et Djélé sont les types les plus remarquables; contrairement à l'usage, les mosquées de Ghadames n'ont point de minaret. Vers la gauche, vers l'ouest, apparaît une construction carrée, isolée sur le plateau, la caserne turque, et, plus loin, des monuments singuliers, d'ailleurs en ruines, les fameuses idoles, *El Esnam*, dont divers voyageurs ont déjà parlé. Tout à fait au fond se profilent les hautes dunes du Grand Erg dont les croupes fauves se

LES REMPARTS ENTOURENT LA VILLE ET LES JARDINS.

GHADAMÈS, VUE GÉNÉRALE PRISE DU SUD.

dorent aux rayons du soleil. Si le spectateur se retourne vers le sud, le spectacle change totalement : à perte de vue s'étend un plateau semé de quelques buttes fort espacées ; rien qui retienne l'attention ; de végétation, il n'y en a pas trace ; le sol est jonché de dalles calcaires disloquées et soulevées, jaunes ou rouges, de débris de grès noir et de silex bruns sur lesquels la marche est affreusement pénible ; c'est là le début de la terrible Hamadat el Hamra. Sur quelques pierres, l'œil du géologue discerne de grandes empreintes à bourrelets concentriques que les indigènes regardent comme les traces de la jument du prophète et qui sont seulement des moules de fossiles (*inocérames*).

Quand il s'est bien repu de l'horreur de la hamadat, le voyageur redescend vers la ville, à travers le cimetière qui s'insinue entre les remparts et le plateau, sur une longueur de 2 kilomètres, et qui grimpe même sur celui-ci, près des idoles. Depuis les temps les plus reculés, tous les Ghadamsiens se font enterrer là ; il y a certainement des tombes très vieilles, antérieures à l'Islam ; comme on ne touche jamais aux anciennes tombes, le cimetière a pris des proportions inusitées. La plupart des tombes sont anonymes, mais il n'est pas rare d'apercevoir une inscription arabe, gravée sur l'une des deux pierres fichées aux extrémités de la tombe ou sur une tuile. Ces inscriptions sur terre cuite sont assez récentes, parait-il : deux siècles au plus. Leur texte, calqué sur un modèle uniforme, est sans intérêt : le nom du personnage, parfois son âge et une formule de louange à Dieu (verset du Coran). Seule, une tombe se distingue des autres : celle du fils d'Ikhenoukhen, le grand chef targui qui a joué un rôle si important au siècle dernier. C'est une maçonnerie elliptique ayant 7 ou 8 mètres de grand axe et 2 m. 50 de hauteur, environ. Non loin de là se trouve le tombeau d'un célèbre marabout, Sidi Hamir, réputé l'un des compagnons du prophète ; tous les vendredis, ce tombeau, situé au bord d'une cour, est orné de drapeaux rouges et verts.

Avant d'entrer en ville, jetons un coup d'œil sur la mosquée de Sidi Okba ben Hamir, souvent appelé Sidi el Bedri, compagnon du prophète, qui conquit Ghadames à l'Islam et y est mort. Un tas d'immondices nous permet de tout voir par-dessus le mur, sans pénétrer en terrain prohibé. Dans un coin de la cour se trouve le tombeau du saint qu'abrite une coupole au galbe légèrement conique ; dans le mur oriental, une petite niche, comprise entre deux colonnes, le *mirhab*, nous indique la direction de la Mecque ; des fûts de colonnes brisées, ornées de cannelures spirales, et quelques chapiteaux d'une réelle élégance sont plantés au hasard ; évidemment, ils ont été empruntés à un monument antérieur, probablement un monument chrétien, qui paraît dater du VIe siècle.

Les voyageurs qui ont visité Ghadames nous ont laissé des descriptions assez sommaires; aussi n'est-il pas superflu de reprendre complètement celles-ci, car Joanne et Bædeker sont encore inconnus sous ces climats. Nos devanciers nous ont déjà appris que la population est divisée en trois grandes fractions : les Ouled Belil, qui sont d'origine arabe, les Beni Ouasit et les Beni Oulid, qui sont berbères. Ces deux dernières fractions possèdent plusieurs quartiers qu'il est utile d'énumérer, car leur nom paraîtra par la suite. Les Beni Ouasit, installés au sud du souk, occupent les quartiers de Djerissane, de Tinguesine et de Taferferat; les Beni Oulid, établis au nord du souk, ont les quartiers de Teskou, des Beni Derar et des Beni Mazigh.

Pénétrons maintenant dans la ville par la porte du sud-est et faisons un tour de promenade. Nous passons près d'une plate-forme, élevée d'un mètre au-dessus du sol, qu'on pourrait prendre pour l'impluvium d'une citerne et qui est une *msalla*, une mosquée en plein vent. La porte de la ville est placée latéralement, au fond d'un couloir étroit, afin qu'une troupe de quelque importance ne puisse l'aborder de front. Toutes les entrées, même celles des maisons, présentent cette disposition en chicane, dont le rôle défensif est manifeste. Jadis, les

portes de la ville étaient fermées chaque soir, mais
l'état actuel des remparts rend cette précaution
illusoire; aussi les portes des remparts demeurent-
elles toujours ouvertes. Elles sont formées de troncs
de palmiers accolés, maintenus par de fortes barres
de bois; une puissante serrure en bois et fer complète la fermeture. Au-dessus de la porte est un
petit réduit permettant d'en défendre l'accès. La
porte franchie, nous nous trouvons dans une rue
bordée de longues murailles grises, interrompues
seulement par quelques maisons; cette rue mène
dans les jardins. Visitons d'abord la ville. Nous
nous engageons dans une rue à gauche, qui tourne
deux fois à angle droit. Au coin, une négresse dis-
cute avec une femme targuia, tandis qu'une autre
négresse travaille entre une chèvre et une poule.

Après le deuxième tournant, nous sommes dans la
grande rue des Ouled Belil, rue large et à ciel ouvert, ce qui est une exception ici, car les rues de
Ghadames sont généralement couvertes. La rue est
bordée par de hautes maisons à toit plat, toutes
ornées de cornes blanches. Le pourtour des portes,
parfois la partie inférieure des murs et les parapets
des terrasses sont également blanchis à la chaux.
La plupart des maisons possèdent extérieurement
des bancs en terre durcie où de graves personnages
dissertent à mi-voix, tout en égrenant leur chapelet; ils nous regardent passer d'un air indifférent.

MOSQUÉE ET TOMBEAU DE SIDI OKBA BEN HAMIR (SIDI EL BEDRI).

PLACE COUVERTE DANS LA RUE DES OULED BELIL.

Le milieu de la rue appartient aux chèvres et aux enfants, qui se battent comme de futurs citoyens français. Une des maisons abrite une école cora-nique; les enfants y vont à partir de quatre ou cinq ans, peut-être trois; ils étaient déjà à l'école à 7 heures du matin et on les y retrouvait jusqu'après 8 heures du soir; et on parle du surmenage en France! L'instruction est assez répandue à Gha-dames où tous les hommes savent lire. Ces bambins avaient des frimousses bien amusantes, qu'ani-maient de beaux yeux bruns. Les uns ne portaient qu'une chemise et une chéchia, mais d'autres étaient habillés comme de vrais hommes. Ils n'avaient pas ta.dé à s'apprivoiser et avaient appris très vite la valeur de la monnaie tunisienne; lorsqu'on leur lançait un sou, c'étaient des batailles homériques qui ne se terminaient pas sans cris, ni horions Quant aux chèvres, elles suppléent à l'insuffisance des services de voirie et dévorent tout ce qu'elles trouvent dans les rues.

Près de l'école se voit une place couverte dont les arcades en plâtre sont ornées de dessins géomé-triques assez grossiers. Tout autour de la place règnent des banquettes où les habitants viennent s'allonger pendant les heures brûlantes du jour; en été, une température de 50° à l'ombre est chose normale à Ghadames. C'est un de ces points admi-rables où l'on cuit l'été et où l'on gèle l'hiver; pendant notre séjour, le thermomètre descendait toutes les nuits à 0°; quelque temps auparavant nous avions même eu — 3°, ce qui n'empêchait pas le thermomètre de monter à 25° dans la même journée, à l'ombre bien entendu, car au soleil il dépassait 40°. On comprend que les Ghadamsiens aient éprouvé le besoin de s'abriter contre les ardeurs d'un soleil implacable et qu'ils aient construit leur ville en conséquence. Tous les soirs, il y avait concert *sous* cette place; autour d'une bougie étaient groupés cinq ou six individus dont les faces prenaient un aspect dur et pittoresque dans ce clair-obscur. L'un d'eux chantait un couplet que les autres reprenaient en chœur. La mélodie avait parfois du caractère, mais tout plaisir était gâté par le chœur, chacun chantant dans son ton; il en résultait une cacophonie pénible pour des oreilles européennes. Parfois, des jardins s'élevait une musique douce et triste, produite par une flûte en roseau, seule ou accompagnant une voix. Quand le rythme devenait plus vif et plus gai, il était souvent souligné par une sorte de tambourin.

Un peu plus loin, nous passons devant la maison où était installée la popote de la Mission; nous aurons l'occasion de la visiter un peu plus tard. Après avoir jeté un coup d'œil aux remparts, presque entièrement enfouis sous un double tas d'immondices, nous croisons trois négresses fortement charpentées, portant sur leur épaule gauche une énorme jarre pleine d'eau, qui doit bien peser de 20 à 25 kilogrammes, puis nous passons sous une voûte formée par le magasin d'un des principaux négociants, Abd es Selam; une fenêtre ornée d'un grillage en fer, d'un joli caractère, rompt la monotonie de la muraille. Près de la voûte, une négresse cul-de-jatte se traîne péniblement et sollicite la charité des passants; elle accepte sans hésitation les sous des roumis. Au Sahara, comme ailleurs, l'argent n'a pas d'odeur.

Quelques pas plus loin, une rue laisse entrevoir les jardins par-dessus un petit mur surmonté de briques posées obliquement, qui dessinent une série d'A et de V. Sur une porte, une *atria*, c'est-à-dire une femme noire appartenant à la classe des anciens esclaves affranchis, apparaît couverte de bijoux et sourit à une autre négresse assise à terre; à notre vue, la porte se ferme, mais il est trop tard; la plaque est impressionnée. Personne ne voulait se laisser photographier et il fallait saisir les sujets à l'improviste. Ce n'était peut-être pas la première fois qu'un appareil photographique pénétrait à Ghadames; il semble que Duveyrier et Largeau en ait eu, mais à cette époque la photographie était encore dans l'enfance et le résultat a dû être nul, car les ouvrages de ces voyageurs contiennent seulement quelques dessins d'une fidélité médiocre.

Au début, les gens prenaient nos appareils pour des sortes de revolvers et s'éclipsaient dès qu'on braquait l'objectif dans leur direction. Pour les rassurer, nous avons voulu essayer de leur expliquer l'usage de ces instruments insolites, mais le résultat ne fut pas meilleur, aussi avons-nous rencontré de grandes difficultés pour photographier des personnages; il fallait opérer avant que personne n'ait eu le temps de s'en apercevoir. J'ai bien reçu quelquefois des injures des opérés malgré eux, mais peu m'importait si l'obturateur avait fonctionné à temps.

La rue que nous venons de rencontrer nous mènerait dans les jardins, nous les visiterons un autre jour; continuons donc notre route le long des remparts. Une des portes de la ville se trouve près de là; elle offre la même disposition en chicane que la précédente, mais elle n'est pas recouverte par des constructions. Bientôt, la rue tourne à angle droit, sous une voûte, pour reprendre ensuite la direction primitive, le long des remparts; c'est là que se trouve la maison où sont installés les bureaux du kaïmakam, du préfet. Comme il n'est pas encore l'heure de rendre visite à ce représentant de l'autorité ottomane, revenons sur nos pas jusqu'à la rue principale, que nous avons laissée à droite.

Cette rue va nous mener presque en ligne droite jusqu'au cœur de la ville, jusqu'au souk. Tout

ENTRÉE DE LA RUE VOÛTÉE DE DJERISSANE.

d'abord, elle circule à découvert entre les murs des jardins. Après un léger détour, on arrive à une petite place bordée d'arcades qui abritent des bancs. Sur la gauche, quelques boutiques minuscules, qui n'ont guère plus de 2 à 3 mètres de longueur sur 1 m. 50 de largeur et 2 mètres de hauteur; la porte est tellement basse qu'il faut ramper pour entrer. C'est là que travaillent les fabricants de *belgha*, sortes de pantoufles brodées, qui constituent la seule industrie de Ghadames. Au delà des boutiques, nouvelle échappée sur les jardins : une ruelle ombragée de beaux palmiers nous laisse apercevoir un groupe de femmes en train de puiser de l'eau à un ruisseau : drapées dans leur ample vêtement de cotonnade bleue, elles posent leur jarre sur leur épaule d'un geste gracieux et fort, telles des Tanagra négresses. Au fond de la place, un trou noir dans un mur élevé : c'est l'entrée du quartier de Djerissane dont toutes les rues sont voûtées. Une solide porte en troncs de palmiers permettait de clore le quartier. En effet, tous les quartiers de Ghadames sont séparés les uns des autres par une muraille qu'il est impossible de suivre, car elle est noyée dans les constructions. Quelques portes y sont percées çà et là. Jadis, les lourds battants en étaient fermés chaque soir, car les quartiers étaient sans cesse en guerre les uns avec les autres. Il faut reconnaître que l'autorité ottomane a su mettre fin à ce lamentable état de choses; depuis lors, on ne ferme plus, chaque soir, les portes des quartiers, pas plus que les portes de la ville, mais il est resté une bien curieuse survivance de l'état antérieur : un Ghadamsien ne passe jamais dans un quartier de la fraction adverse. Il n'est pas rare de rencontrer des gens qui connaissent Agades, Kano et Tombouctou, mais qui n'ont jamais vu une rue ou une place située à 500 mètres de chez eux. Michal a causé un jour avec un homme qui venait, pour la première fois, de traverser un quartier qui n'était pas le sien.

Engageons-nous sous la voûte sombre. La lumière fournie par la porte s'éteint bientôt, et c'est à tâtons qu'il faut se diriger sur un sol raboteux. La grande rue a environ deux mètres de largeur et un peu plus de hauteur; elle est entièrement couverte, les maisons se rejoignant au-dessus d'elle. Le plus souvent, le plafond est plat, mais çà et là des piliers en plâtre ou en pierres recouvertes de plâtre supportent des arcs ressemblant à des sortes d'ogives tronquées. Ces arcs, caractéristiques de l'architecture ghadamsienne, rappellent un peu la coupe des rhorfas du Sud tunisien, mais dans ce cas la courbe est continue et non tronquée à la partie supérieure. Les arceaux de Ghadamès semblent apparentés à ceux que M. Saladin a étudiés en Égypte et en Mésopotamie. Sur les pilastres reposent deux chevrons obliques qui ne se rejoignent pas, mais sont reliés, en haut, par une traverse horizontale. Le tout est couvert d'un fort revêtement en plâtre, plus épais en certaines parties, de façon à faire disparaître les angles que forment les poutres en troncs de palmiers. Quelques colonnes sont moins frustes que les autres; certaines sont même travaillées, autant qu'on peut en juger sous le revêtement de plâtre, mais rien n'atteste qu'elles soient romaines; il en est de même pour les grosses pierres taillées qui forment les chambranles ou le seuil des portes. Les rues sont en terre et relativement propres; elles sont parfois balayées. Néanmoins, l'odorat est fâcheusement impressionné par les émanations de petits établissements privés qui ouvrent sur la rue. Dans l'obscurité complète, il faut faire attention à ne pas heurter quelque négresse, emportant sur sa tête un panier de ce précieux engrais qu'elle va déverser dans les jardins. Il est vrai que le nez supplée alors à l'insuffisance de l'œil et vous avertit de l'obstacle à éviter.

Heureusement, quelques puits d'aération amènent dans ces couloirs un peu d'air respirable et de clarté; une lumière crue tombe verticalement et vient couper l'ombre. Comme je n'avais pas de magnésium, diverses photographies de rues ont été faites à la faveur de ces ouvertures, car certaines rues jouissent d'une obscurité complète.

Peu après l'entrée de Djerissane, avant que la lueur de la porte ne soit complètement éteinte, une petite rue latérale, débouchant sur les jardins, apporte précisément un peu de lumière, d'autant qu'un large puits perce sa voûte. Des bancs en terre garnissent les deux côtés, interrompus par une seule porte, qui est celle d'une mosquée où j'ai vainement essayé de jeter un coup d'œil oblique. Cette rue dépassée, on retombe dans l'obscurité complète, dans laquelle on se traîne pendant une centaine de mètres. Là-bas, une tache blanche indique que le jour va reparaitre; elle croit peu à peu, et bientôt on avance dans une demi-clarté dont profitent des fabricants de sandales, qui ont installé leur atelier sur les banquettes mêmes de la rue. De nouveau, voilà la grande lumière; le soleil luit sur nos têtes et vient frapper le sol. La rue, découverte sur une trentaine de mètres, est enjambée par quelques arceaux en ogive tronquée, surmontés de pointes. Ils encadrent une tache noire, d'où émerge tout à coup un groupe de Touareg, auxquels le commandant Donau adresse sur-le-champ un discours dilatoire, pour me donner le temps de sortir mon appareil. La fin du discours (d'ailleurs bref) porta sur les avantages de la photographie; mais alors un des Touareg voulut voir le résultat; il tirait ma manche à la déchirer et cherchait à prendre l'appareil que j'eus quelque peine à défendre; finalement, jugeant

ARCEAUX ENJAMBANT LA RUE A L'ENTRÉE DES VOUTES
DE JINOUESINE

l'argumentation inutile, je proférai un énergique
« Barra » (F... le camp), qui mit fin à la discussion.

L'appareil remis dans son sac, nous nous replongeons dans une obscurité qui ne tarde pas à devenir complète. On a comparé Ghadames à des catacombes, on pourrait aussi bien assimiler ses ruelles tortueuses aux souterrains des taupes. Une image qui se présente naturellement aussi est celle de galeries de mines, d'autant que le plafond est ordinairement plat et souvent soutenu par un boisage en troncs de palmiers. Certaines ruelles latérales n'ont pas un mètre de largeur et deux mètres de hauteur ; il en est où je ne pouvais passer qu'à la condition de me courber. Il faut quelque temps pour se reconnaître dans ces ruelles obscures. Toutefois, nous nous étions mis assez vite dans la tête le plan de Ghadames et nous étonnions les habitants par la facilité avec laquelle nous retrouvions notre chemin dans l'obscurité. Dans les cas difficiles, la lampe électrique que Michal avait toujours dans sa poche, était d'un précieux secours. Elle faisait la joie des gamins qui nous accompagnaient parfois dans nos pérégrinations : « Tiens, dit l'un d'eux, en appelant ses camarades, venez vite voir, le roumi a le soleil dans sa poche ! »

L'éclairage public est rudimentaire à Ghadames ; on ne peut dire cependant qu'il soit nul. Dans la rue principale se voit une petite niche, munie d'une porte en bois à jour; en dessous, le mur est maculé d'une large tache d'huile, causée par une lampe qu'abrite la niche. C'est là le seul éclairage de la ville; il est dû à une fondation pieuse. Je crois d'ailleurs qu'on n'allume la lampe que dans les grandes circonstances; les temps sont durs; au lieu de brûler cette huile, n'est-il pas plus profitable de la manger?

Beaucoup de ruelles latérales sont des impasses, où se trouvent généralement situées les portes des maisons, lesquelles ouvrent rarement sur la grande rue. Les portes sont ordinairement basses et étroites; quelques-unes sont peintes en rouge et vert. Çà et là, on remarque quelques ferrures ou une décoration en têtes de clous, mais cela ne rappelle que de très loin les belles portes des maisons arabes de Tunis. En guise de marteau est appendu un gros anneau, qui frappe sur la tête d'un clou.

Parfois la rue principale s'élargit un peu. En un point, elle se transforme même en une véritable place souterraine. La voûte dessine le même arceau reposant sur des colonnes basses (la place n'a pas plus de trois mètres de hauteur), généralement sans caractère; on note cependant quelques colonnes torses. Les arts décoratifs trouvent ici une expression plus complète qu'en toute autre partie de Ghadames. Pas de peinture; les murs sont blanchis à la chaux; seulement, sur les colonnes et les arceaux,

au-dessus des portes, on remarque quelques rosaces
et dessins géométriques, creusés dans le plâtre.
Nous sommes loin des merveilleux *noukch hadida*
du pavillon de la Manouba et de divers palais de
Tunis. M. Saladin, qui a bien voulu examiner mes
photographies, trouve à ces rosaces une réelle analogie avec celles qu'on observe en Égypte. Le principal motif d'ornementation consiste en trois triangles accolés, qui peuvent se transformer en trois
bandes terminées par des pointes et réunies par des
barres transversales. Ces ornements en plâtre sont
appliqués sur les murs extérieurs des maisons,
aussi bien qu'à l'intérieur des chambres. Leur ressemblance est évidente avec les trois cippes (image
de la triade divine) que l'on note sur de nombreuses
stèles puniques. Si les triangles nous rappellent
Tanit, les cornes ornant les angles de nombreuses
maisons nous font naturellement songer à Ammon.
Les habitants leur attribuent la propriété d'écarter
le « mauvais œil », comme les mains de Fatma, si
communes dans toute l'Afrique du Nord. Tout
autour de la place (et même au milieu de celle-ci,
autour des colonnes), règnent des sortes de bancs
ou de divans (*dokkan*), semblables à ceux qui s'alignent le long des rues, en files interminables. C'est
là que les habitants passent des journées entières,
et même des nuits, à sommeiller ou à causer. L'été
on y est à l'abri du soleil implacable du Sahara,

mais, au début du mois de mars, il faisait plutôt frais sous cette place demi-obscure.

Après avoir tenté un cliché posé, nous reprenons notre promenade sous les voûtes. A gauche, une rue couverte nous conduirait directement à la source, mais il vaut mieux suivre la grande artère. Tout à coup, celle-ci bute contre une porte, dont la dimension dénote un édifice important. C'est la mosquée de Tinguesine. Franchissons la porte, pendant que personne ne nous voit. Nous sommes dans un large vestibule d'une dizaine de mètres de longueur, dallé en grandes pierres, qui peuvent être romaines. Dans le fond, une porte entrebâillée laisse apercevoir un escalier que des négresses sont en train de balayer; à notre vue, elles se sauvent en poussant des cris d'oiseaux effarouchés. A gauche, une grande porte ouverte nous permet d'examiner la mosquée proprement dite. C'est une salle rectangulaire, d'une vingtaine de mètres de longueur, sur un peu moins de dix de largeur. Un simple plafond est soutenu par des arcs en ogive surbaissée et tronquée, reposant sur des colonnes basses, sans aucun caractère, contrairement aux indications fournies par nos prédécesseurs, qui en parlaient par ouï-dire. Deux ou trois colonnes sont ornées de cannelures spirales; les autres sont fort irrégulières et alternent avec des piliers carrés. Plusieurs n'ont ni base, ni chapiteau; d'autres ont des chapiteaux globulaires

Tripolitaine interdite.

à dessins géométriques. Le *mirhab* est près de la porte du fond. Au milieu du côté méridional, entre deux colonnes torses, s'élève le *minbar*, la chaire, munie d'un escalier garni d'une balustrade ; le tout est en bois, peinturluré de rouge et de vert ; c'est un modèle courant en Tunisie. Le sol et le bas des colonnes sont recouverts de nattes. Un couloir à ciel ouvert, également dallé, longe le sanctuaire du côté septentrional. Sur l'autre côté s'alignent de curieuses logettes à ablutions, établies au-dessus d'une canalisation venant de la source. Ce sont de petites niches, trop basses pour qu'on puisse s'y tenir debout, encadrées entre deux tronçons de colonnes torses que surmontent des chapiteaux à dessins d'une réelle élégance. Une ou deux marches permettent de descendre à l'eau ; chacun a ainsi sa cabine de bain, à laquelle il ne manque qu'une porte. Ces logettes se poursuivent sur le côté opposé d'un autre couloir.

La première fois que nous sommes entrés dans la mosquée, le commandant Donau et moi, on ne nous a rien dit. La seconde fois, nous avons été « sortis » sans aménité par un des principaux commerçants, El Hadj Mohammed et Touami. Nous avons essayé de discuter, d'expliquer que nous n'étions pas dans la mosquée, mais dans le couloir. Notre interpellateur ne voulut rien entendre ; il prétendit que nous étions dans la partie où les femmes venaient prier et qu'au surplus nous n'avions pas enlevé nos souliers. « Et toi ? objecta le commandant, que fais-tu ici avec tes bottes rouges ? » Cet homme malin portait des sandales par-dessus ses bottes, et il avait enlevé ses sandales. Malheureusement nous ne portions pas deux paires de chaussures !

En attendant, nous avions eu le temps de nous rendre compte de l'architecture de la mosquée. A tout hasard, j'avais risqué deux instantanés ; c'était assurément la première fois qu'une mosquée de Ghadamès était photographiée. Le résultat est médiocre, mais c'est un document. Je lui substitue ici un cliché fait dans une vieille mosquée abandonnée, qui offre exactement le même type architectural, avec des colonnes et des chapiteaux mieux conservés.

Cette grande mosquée de Tinguesine ne paraît pas extérieurement, étant noyée dans les constructions avoisinantes, sauf du côté de la place du marché qu'elle contribue à border. Après un détour sous des voûtes noires, nous voici sur cette place.

Le souk est le point de contact des diverses fractions ; aussi l'animation y est-elle considérable, surtout le jour du marché, le vendredi, vers dix ou onze heures. Toutes les races d'Afrique s'y coudoient en un pittoresque désordre ; c'est un véritable kaléidoscope ethnographique. La place, à peu près carrée, mesure une trentaine de mètres de côté. Elle est enclose de hautes murailles lépreuses, dont le crépissage fragmentaire, quoique maintes fois repris, laisse paraître l'indigence du mode de construction. Cependant, les deux côtés est et ouest sont formés par les murs de deux édifices particulièrement importants, la mosquée de Tinguesine et celle de Derar. Deux portes permettent de passer directement de la place dans ces mosquées ; à vrai dire, je ne les ai jamais vues ouvertes. Aucun minaret n'émerge au-dessus des murailles, mais il doit y avoir une terrasse où grimpe le mouezzin pour appeler les fidèles à la prière. Face à face, au nord et au sud, sont deux grandes baies sombres, qui peuvent être fermées par de lourdes portes en troncs de palmiers. Ces portes ne sont pas au ras des murs, mais en retrait de deux ou trois mètres, ce qui donne naissance à une sorte de vestibule couvert, entouré de hautes banquettes. La voûte est surmontée d'une *kasbah* ou réduit fortifié, destiné à empêcher l'ennemi de franchir la place et d'atteindre la porte du quartier. Sous chaque voûte s'ouvre la boutique d'un épicier, qui, d'ailleurs, vend aussi bien des plumes d'autruche ou des coussins touareg. Dans le coin nord-ouest, est une petite niche, dont le fond est en contre-bas d'une marche ou deux ; c'est là que se tient accroupi le préposé à la surveillance des eaux, dont nous verrons plus tard les fonctions.

En cinq minutes nous sommes à la source, mère de Ghadames : une vasque d'émeraude encerclée de murs irréguliers en terre et pierres, dont la teinte terne s'avive sous la grande lumière d'Afrique. Le coup d'œil est prestigieux, surtout lorsqu'on sort des rues obscures de la ville. Quelles gradations dans les verts des palmiers, dont les feuilles se détachent à l'emporte-pièce sur l'azur immaculé d'un ciel ignorant la pluie! Les rayons solaires, tombant droit dans l'eau, en accroissent la transparence et vont jouer sur les feuilles des plantes aquatiques tapissant le fond du bassin ; près de la surface vole une libellule, d'un rouge de cornaline ; sur le bord, passe un riche Ghadamsien en gandourah de soie brune, sur laquelle est jeté un haïk gris perle, pendant qu'une atria, en cotonnade bleu de Prusse, se hâte de disparaître sous les voûtes arrivant à la source. Quand le soleil décline, le tableau se modifie, sans rien perdre de sa grandeur. L'ombre des palmiers assombrit la nappe d'eau, tandis que les hautes murailles de la maison formant l'angle de la source se voilent d'améthyste ; au-dessus d'elles se balancent quelques palmes dont le soleil couchant souligne les feuilles délicates d'un liséré d'or rouge.

La source était l'un des points où j'aimais à

UN CARREFOUR AU BORD DU QUARTIER DE TAFERFERAT.

LA SOURCE QUI DONNE LA VIE A GHADAMES.

PLACE DU MURIER.

venir me récréer les yeux après une tournée dans les solitudes pelées du désert environnant l'oasis. Dans la rue voisine, à découvert celle-là, d'autres spectacles nous attendaient. C'était un forgeron du Touat, qui travaillait le dur métal avec des moyens primitifs, ou bien un boucher, qui débitait du chameau découpé en fragments minuscules, posés sur une simple claie, voire à même le sol. Un peu plus loin, à un coin de rue, Ghadamsiens, nègres et Touareg devisaient, assis sur une sorte d'aire triangulaire qui doit être une *msalla*. Puis, c'était l'abreuvoir des chameaux, en bordure d'une petite place où se tenait un marché au bois, denrée rare et chère, qu'on va chercher dans l'Erg, à plusieurs jours de marche de Ghadames, car les alentours sont, depuis longtemps, dépourvus de tout combustible. Une autre rue, toujours ombragée par les palmiers, nous mène à une porte isolée dans les jardins, qui défend l'accès du quartier des Beni Mazigh. Au-dessus de la porte se voit une inscription arabe, écrite sur plâtre et que nous n'avons pu déchiffrer. La porte est surmontée d'une tour, à laquelle on accède par un escalier extérieur, placé naturellement du côté du quartier. Celui-ci possède une seconde porte, aux premières maisons. Contrairement aux autres, cette porte est quelquefois fermée, mais c'est contre les ennemis du dedans; il s'agit tout simplement d'empêcher les enfants d'aller dans les jardins, lorsque les dattes sont mûres, abattre les fruits à coups de pierres. Tout près de là s'élève un petit édifice public (et gratuit), dont les murs trop bas ne dissimulent guère les occupants aux regards des passants. Comme en Chine, chacun peut venir prendre la matière déposée et l'emporter dans son jardin.

Nous nous replongeons dans l'obscurité d'une rue couverte; ce n'est pas pour longtemps, car bientôt nous débouchons sur une place à ciel ouvert, sans conteste la plus jolie de Ghadames, la Rabat et Touta, la place du Mûrier. Elle doit son nom à un mûrier qui y fut planté vers le milieu du siècle dernier, peu de temps avant la venue de Richardson. Si c'est toujours le même, il faut avouer qu'il a peu profité; mais il a pu être remplacé. D'ailleurs, la place a un peu changé d'aspect, si on peut s'en rapporter au dessin donné par ce voyageur. Ce dernier indique un mur plein à la place des curieuses arcades latérales, qui impriment à la place son cachet; celles-ci ont cependant un caractère de vétusté indiscutable, malgré le badigeon récent. Les murs sont creusés de curieuses niches en forme de champignon, motif ornemental commun à Ghadames. Par-dessus les murs, on aperçoit, parmi les hauts palmiers, les cornes en escalier des hautes maisons de Derar et de Teskou. Au débouché des rues venant de ce quartier, se voient une fontaine et une citerne. Celle-ci est due à une fondation pieuse; un pot de terre gît à côté et tout passant peut se désaltérer. La citerne est contiguë à une porte surmontée d'une longue inscription arabe, très bien gravée. J'avais cru que c'était une porte de zaouïa, mais il paraît que c'est tout simplement une porte de maison particulière. En face, se trouve la fontaine. Malgré le nom d' « El Aouïnat », donné à la place et, par extension, au quartier des Beni Mazigh, il ne s'agit pas d'une petite source, mais d'un simple regard sur une canalisation venant de la source principale. On y descend par deux marches. Un nègre est là, remplissant une énorme guerba (une peau de bouc) à l'aide d'un entonnoir en fer-blanc qu'il incline et redresse alternativement. La guerba pleine, le nègre la charge sur son dos, protégé par un tablier de cuir, et s'en va verser le contenu dans les jarres qui restent à demeure dans chaque maison et renferment la provision d'eau pour les usages domestiques. Avec moi se trouve Michal, notre excellent interprète, qui non seulement connaît l'arabe à fond, mais a utilisé son séjour à Tombouctou pour étudier les langues soudanaises. Il interpelle en sonrhaï le nègre dont la large figure s'épanouit d'un rire qui lui fend la bouche jusqu'aux oreilles. Après un petit palabre, on se quitte les meilleurs amis du monde; quelques jours après, le bruit courait que les roumis connaissaient toutes les langues. Je tiens à déclarer que Michal m'a rendu les plus grands services et m'a obtenu divers renseignements que je n'aurais pu avoir moi-même. Il savait faire parler les gens et les amener au point critique par de longs détours où se perdait leur méfiance. Un jour, assis sur la place du Mûrier, nous interrogions un vieux Ghadamsien moins fermé que les autres, car il avait habité Tunis et Descrouez l'avait guéri d'une ophthalmie le rendant presque aveugle. Il nous avait déjà fourni des renseignements intéressants sur la population, le nombre des palmiers, les variétés de dattes, etc., mais sous un porche se tenait aux aguets un riche négociant, fort peu francophile, qui interrompit deux fois la conversation, et, la seconde fois, par une apostrophe telle que notre bonhomme n'osa plus répondre à nos questions.

Les rues et les ruelles des Beni Mazigh sont semblables à celles que nous connaissons déjà ; elles sont en grande partie couvertes. Finalement, on débouche dans les jardins, où nous nous amusâmes un instant à regarder des gamins qui avaient établi une balançoire entre deux palmiers. Une rue, dont l'accès est défendu par deux tours, mène au fondouk d'El Habib, où nous irons nous promener un autre jour.

Revenons à la place du Mûrier où nous avons

l'étonnement de rencontrer un jeune homme orné d'une superbe ceinture de gymnastique, portant ces mots bien connus de nous : « Vive la France! Vive la Russie! » Je n'ai pu savoir comment ce monument épigraphique, témoignage de l'alliance franco-russe, était parvenu à Ghadamès; il semble bien probable qu'il a été rapporté par un des nombreux Ghadamsiens ayant travaillé à Tunis. Nous nous engageons sous le porche méridional et parcourons les rues des Beni Derar, puis celles de Teskou, que rien ne distingue intérieurement des autres rues voûtées; par contre, vues de l'extérieur, les maisons de ces quartiers apparaissent notablement plus hautes que les autres. La rue tourne, retourne, s'élargit, se rétrécit, s'éclaire. Ici une porte de quartier nous permettrait de gagner les jardins, mais nous préférons continuer notre voyage souterrain, sous des voûtes ou sous des toits plats, longeant des rangées indéfinies de bancs. Quelques détours encore, et nous voilà revenus au souk.

Après avoir aspiré quelques bouffées d'air pur, nous nous plongeons de nouveau dans l'obscurité pour explorer le quartier de Taferferat. Toujours les mêmes rues à toit plat, rarement voûtées, avec quelques parties à l'air libre. Après un dédale de ruelles noires, nous débouchons sur une petite place à ciel ouvert, rappelant un peu la place du

Mûrier, mais plus petite et moins pittoresque; d'ailleurs, mêmes ornements en champignon et mêmes arcades couvertes, avec cette particularité que certaines d'entre elles sont supportées par des colonnes torses, identiques à celles que nous avons vues en divers points de la ville.

Après avoir parcouru encore quelques ruelles sombres, nous retrouvons la lumière, car dans le sud-est de Taferferat, les rues ne sont pas couvertes. Peu après la sortie des voûtes, se présente un point de vue nouveau : une blanche coupole, ayant la forme d'un demi-œuf, est construite juste au-dessus de la rue qui se prolonge sous elle. C'est l'une des zaouïas de Sidi Aïssa (il y en a cinq). Je ne sais si les Aïssaoua sont nombreux et influents à Ghadamès, car il est fort difficile d'obtenir des renseignements sur les sectes, leur organisation, leur extension, etc. La défiance des Ghadamsiens était telle que plusieurs ont refusé de me dire simplement le nom des mosquées; il est une koubba dont je n'ai jamais pu savoir le nom!

Par-dessous la voûte de Sidi Aïssa, on aperçoit une autre coupole, d'un galbe bien différent, presque conique. La façade du monument est ornée de faux machicoulis; une grande porte est encadrée entre deux colonnes couvertes d'une épaisse couche de badigeon qui en masque la forme exacte.

Tel est l'aspect extérieur de la zaouïa de Moulay
Taïeb, des Beni Ouasit. On sait que ce nom de zaouïa s'applique à un établissement religieux, à la
fois couvent, oratoire, asile et école. Quant à Moulay Taïeb, c'était un célèbre chérif d'Ouezzan (Maroc), fondateur d'une secte qui compte des adeptes
nombreux dans toute l'Afrique du Nord. Ses disciples n'ont pas moins de cinq zaouïas à Ghadamès
(une pour chaque quartier), ce qui prouve leur importance.

Tout près de là se trouvent deux zaouïas analogues. L'une d'elles est celle de Moulay Abd el Kader
el Djelali, qui était originaire de Bagdad et qui a
des adhérents jusqu'au Maroc. L'autre appartient,
je crois, aux Madania, disciples de Sidi Mohammed
el Madani, de Mesrata. Cette confrérie compte de
nombreux *khouan* en Tripolitaine.

Avant de quitter ce chapitre des zaouïas, il importe de dire quelques mots de la plus importante,
celle des Senoussia. Elle se trouve dans un autre
quartier, à toucher la partie méridionale des remparts, qu'elle contribue même à former : l'une des
trois portes situées au sud de la ville passe sous cette
zaouïa. C'est une haute construction de date
récente, puisqu'elle remonte au moment où Sidi
el Mahdi résolut de quitter Djerboub pour s'en-
foncer dans le désert et vint se fixer à Koufra
(1895). Parmi ses compagnons était Si el Hadj

Ahmed et Tseni, qui appartenait à la plus riche famille de Ghadames. C'était le cousin d'El Hadj Ali et Tseni qui accompagnait le marquis de Morès et trouva la mort avec lui à El Ouatia. Le cheikh Mohammed ben Otsmane el Hachaïchi nous apprend que le Mahdi avait la plus grande amitié pour El Hadj Ahmed et lui avait fait épouser une de ses belles-sœurs. Ce dernier personnage savait d'ailleurs mener de front les affaires temporelles et les affaires spirituelles; il fournissait au Mahdi tout ce dont ce dernier avait besoin. Il résolut alors d'enrichir sa ville d'une nouvelle zaouïa pour remplacer celle de Sidi Maabed (à trois kilomètres de Ghadames), dont l'état lamentable n'était plus en rapport avec la puissance des Senoussia. Pour lui témoigner sa satisfaction, le cheikh des Senoussia a donné le nom de Ghadames el Djedida (la nouvelle Ghadames) au Belad el Djouf, le village des oasis de Koufra qu'il a choisi pour lieu de sa résidence. La zaouïa des Senoussia de Ghadames avait pour mokaddem ou directeur le fils du fondateur, El Hadj el Bechri ben Hadj Ahmed et Tseni, qui était en même temps le chef de la puissante famille des Tsenian; il est mort quelque temps avant notre arrivée à Ghadames.

De la zaouïa des Senoussia nous regagnons le camp en longeant les remparts, laissant à droite la gendarmerie et la caserne turque (celle-ci cons-

FEMME TARGUIA DEVANT LA PORTE DE LA ZAOUIA DES SENOUSSIA.

LA MAISON DU KAÏMAKAM OU PRÉFET DE GHADAMES.

truite sur le plateau). Sur les montagnes de terre et d'immondices, qui submergent certaines parties des remparts, sont assis des indigènes qui essayent de tuer le temps. Deux d'entre eux sont très absorbés par une sorte de jeu de dames nommé *sebb ;* les carrés sont représentés par de petits trous ; quant aux pions, ce sont des cailloux, pour l'un des joueurs, et, pour l'autre, des crottes de chameau !

CHAPITRE IV

LES ÉDIFICES ET LES JARDINS
DE GHADAMÈS

Ghadamès. — Vestiges de l'antiquité. — Divers types de maisons. — Emblèmes de Tanit. — La source et les irrigations. — Compteur à eau. — Les puits d'eau chaude. — Les jardins et les cultures. — Variétés de palmiers.

Il est évident que Ghadamès doit remonter à une haute antiquité, sans doute beaucoup plus loin que les 5000 ans qui lui sont assignés par la tradition indigène. Une aussi belle source ne pouvait rester inutilisée, bien que le pays ne fût pas aussi aride que maintenant. Les beaux et nombreux silex taillés que l'on rencontre au bord de l'Erg, le long des oueds morts, suffisent à prouver que ces oueds coulaient lorsque leurs rives étaient fréquentées par les populations qui savaient si bien tailler le silex. Ghadamès n'a presque rien conservé de ces temps lointains, sauf peut-être deux tours et les fameuses idoles. De l'occupation romaine, il n'y a plus de trace certaine, et la chose paraît surprenante pour qui connaît la profusion de monuments romains dont est parsemée la Tunisie, et leur merveilleux état de conservation. Sur le fait de cette occupation, il ne peut y avoir de doute. L'inscription trouvée par Duveyrier nous prouve l'identité de Ghadames et de la ville de Cydamus, ainsi qu'il a été dit plus haut, et atteste que la IIIe légion avait encore un détachement à Ghadames sous le règne de Septime Sévère. C'est donc 250 ans, au moins, qu'a duré l'occupation romaine, et aucun monument n'en subsiste !

Sans doute, le zèle des nouveaux convertis à la religion de l'Islam a dû contribuer à la destruction de tout ce qui rappelait un état antérieur. Sans doute aussi, les Romains occupaient le pays avec des troupes indigènes, encadrées seulement par des officiers et sous-officiers métropolitains, de même que nous le faisons en Tunisie; par suite, ils n'amenaient pas avec eux des artisans et des artistes capables d'élever des monuments grandioses. Étant données leurs habitudes, ils ont dû cependant édifier quelque temple ou quelque nymphée. Le grand géographe arabe Aboul Feda nous apprend, en effet, que « dans ses murs (à Ghadames) se trouve une source permanente, au-dessus de laquelle sont les restes d'un magnifique édifice bâti par les Romains ». Le commandant Donau et moi avons vainement examiné les environs de la source; il est possible que quelques grandes pierres recouvrant les conduites d'eau soient romaines, mais aucune trace de construction romaine n'apparaît. *Etiam*

LES FAMEUSES IDOLES DE GHADAMES.

LA TOUR RONDE EST PEUT-ÊTRE UN TOMBEAU.

periere ruinœ! On pourrait être tenté de chercher les restes de ce monument dans les élégantes colonnes torses qui ornent les loges à ablutions de la mosquée de Tinguesine et qu'on trouve dans la mosquée de Sidi el Bedri, ainsi que dans une mosquée abandonnée. Toutefois, M. Saladin estime qu'elles proviennent d'un monument chrétien et croit pouvoir les dater du VIe siècle. Cette importante constatation est à rapprocher d'un renseignement que nous fournit Procope : cet historien nous apprend que les Ghadamsiens se convertirent au christianisme à la sollicitation de Justinien.

Les missionnaires étaient vraisemblablement des Grecs, et ainsi s'explique la présence à Ghadames d'une inscription bilingue, trouvée par Vatonne et écrite partiellement en caractères grecs. Ces missionnaires ont dû amener ou faire venir des ouvriers qui ont édifié une imposante basilique, car toutes les colonnes et tous les chapiteaux rencontrés paraissent provenir du même édifice, peut-être de deux. Il n'est pas téméraire de supposer que cette basilique était dédiée à la Sainte-Vierge, comme la plupart de celles que Justinien fit élever en Tripolitaine. Nous n'avons malheureusement aucun texte épigraphique à apporter à l'appui de cette manière de voir. Malgré tous nos efforts, nous n'avons pas vu une seule lettre gravée. Quelques Touareg ont bien dit qu'il y avait des « pierres écrites » près des idoles; la chose n'aurait rien d'étonnant, mais la plupart des Touareg ne savent pas lire, et rappelons-nous qu'il y a de nombreuses inscriptions arabes sur les pierres ou les tuiles du cimetière.

Le commandant Donau avait autrefois obtenu copie de quelques lettres gravées sur une pierre dans une maison de Ghadames; nous n'avons pu les voir, par suite de la mort du propriétaire et de l'absence des héritiers. Il est très regrettable que la grande inscription copiée par Duveyrier soit perdue, de même que l'inscription gréco-libyque de Vatonne. Perdus également les deux bas-reliefs dessinés par Duveyrier et par Richardson; pour ce dernier, je me demande s'il ne s'agissait pas d'une gravure rupestre. Nous n'avons pu trouver aucune gravure de ce type, bien que nous ayons examiné de nombreux rochers.

Les ruines les plus importantes de Ghadames sont les fameuses idoles, *El Esnam*, mentionnées par tous les voyageurs. Elles sont situées sur le plateau, au sud-ouest de la ville, au bord du camp targui. De loin, ces cinq monuments ont une vague apparence de statues colossales, ce qui leur a valu leur nom. Les avis sont partagés quant à leur destination et à leur origine. Que ce soient des mausolées, c'est pour moi l'évidence même (on voit la chambre funéraire sous plusieurs d'entre eux), et les habitants sont sans doute dans le vrai lorsqu'ils racontent que ce sont les tombeaux des rois d'autrefois. Il s'agit de populations ante-islamiques, que nous qualifions du nom un peu vague de Garamantes.

Imaginez cinq cubes de maçonnerie ayant environ 2 m. 50 de côté, surmontés par une pyramide ou une sorte de colonne très irrégulière, s'élevant jusqu'à 5 ou 7 mètres du sol. Tout près de ces monuments se voient quelques débris de maçonnerie qui peuvent représenter la base d'une idole. Une septième, complètement séparée des autres, est encastrée dans les remparts mêmes de la ville, près d'une petite poterne et de la mosquée en ruines dont il a été question. Le mortier, abondant, a conservé çà et là l'empreinte des dalles revêtant extérieurement le blocage ; toutes ces grandes pierres ont depuis longtemps disparu. Du côté de l'orient, la base est creusée d'une chambre voûtée dont la section rappelle la sorte d'ogive des rues et des places couvertes de Ghadames. Cette forme d'arc est donc très ancienne. Il est intéressant de relever l'analogie qui existe entre ces tombeaux et le mausolée pyramidal de Maktar ou encore ceux de Sidi Aïch. Ce type spécial a été noté également par M. de Larminat et le commandant Donau au bord du Dahar ; M. de Mathuisieulx en a observé de très beaux spécimens en Tripolitaine.

D'après Largeau, les gens de Ghadames attribuent

les idoles à une race mulâtre qui a construit Djerma. Duveyrier les crut d'abord d'origine romaine, mais après avoir visité Djerma, il changea d'avis et les considéra comme l'œuvre des Garamantes ; ils seraient antérieurs à l'occupation romaine (les Ghadamsiens leur donnent 4 000 ans). Toutefois, les idoles font également songer à certains monuments algériens qui appartiennent incontestablement à l'ère chrétienne. Le manuscrit de la Bibliothèque Nationale nous apprend que Sidi Okba laissa intactes les idoles. Celles-ci étaient encore bien conservées au début du XIXᵉ siècle, jusqu'au moment où le fils de Youssef pacha en fit sauter une partie à la poudre à canon pour s'amuser et pour effrayer les génies (les *djnoun*), qui étaient censés y habiter.

A 500 mètres au nord des idoles s'observe un autre monument, non moins intéressant. C'est une grosse tour ronde, à moitié ruinée, dont la base est enfouie sous une masse énorme d'éboulis ; elle semble perchée sur un tertre conique. La partie subsistante peut avoir de 8 à 10 mètres de diamètre et environ 5 mètres de hauteur. Vers le tiers supérieur, on remarque une saillie en encorbellement. Elle est construite en moellons posés à plat, avec plus de soin que les idoles. Les murs sont très épais et il y avait à l'intérieur une chambre dont on ne distingue plus bien la forme. A la rigueur, cette tour, mieux construite que les idoles, pourrait être romaine; d'après les explications peu claires et même contradictoires de Duveyrier, la grande inscription viendrait des fondations de cette tour, laquelle serait donc de basse époque. Les Ghadamsiens l'attribuent aux chrétiens et la considèrent comme une tour de veille. Tel parait bien avoir été le rôle de la tour qui domine Derdj; d'après les notes inédites de Duveyrier que M. Schirmer a eu l'obligeance de me communiquer, cette dernière mesure 18 mètres de hauteur et 5 mètres de diamètre; elle est donc plus élancée que celle de Ghadames. Par suite de sa position et de sa hauteur, elle commande tout le pays. La tour de Ghadames a pu avoir le même but de surveillance. Ce ne doit pas être un fortin à proprement parler, car les Romains n'en construisaient pas de cette forme; d'autre part, elle ne faisait point partie du camp qui n'a existé que dans l'imagination de Duveyrier, comme ce dernier l'a reconnu par la suite. Cette construction me fait plutôt songer aux tombes en forme de tour, communes en Tunisie. L'édifice serait seulement plus important; ce serait le monument funéraire d'un grand chef berbère.

Au nord-ouest de l'oasis existe encore un monument à section rectangulaire. Une porte permet de pénétrer dans une chambre basse dont le fond est occupé par une sorte de banquette. Une autre chambre existait au-dessus; elle possédait également une ouverture. Tout le reste de la construction a disparu. On ne peut douter que ce fut un mausolée, et celui-ci est incontestablement libyque, puisque c'est de là que provient l'inscription libyque copiée par Vatonne.

. .

Les maisons de Ghadames sont d'un type assez uniforme. Toutes sont construites en *toub*, en briques de terre séchées au soleil: aussi la pluie est-elle un cataclysme redoutable pour elles; il est vrai qu'il ne pleut presque jamais en ce coin du Sahara. Au moment de la venue de la Mission est tombée une forte pluie que le commandant Donau évaluait à 25 millimètres; pareil fait n'avait pas eu lieu depuis cinquante ans. Quand cela se produit, on en est quitte pour restaurer les maisons qui ont trop fondu.

Il ne faudrait pas croire que la pierre manque à Ghadames; le plateau des idoles fournirait d'excellents matériaux de construction. La chaux et le plâtre seraient également faciles à obtenir sur place; ce qui manque, c'est le combustible pour cuire le calcaire ou le gypse. Et puis, il y a la terre extraite des jardins et dont on ne sait que faire; la construction des maisons en absorbe toujours une partie.

A part quelques exceptions, toutes les maisons ont au moins un étage par-dessus le rez-de-chaussée, parfois deux ou trois; les maisons de Teskou et des Beni Derar sont particulièrement élevées. Les toits sont uniformément transformés en terrasses séparées par des murettes en terre, ayant un mètre de hauteur en moyenne, et ornées aux angles de cornes en terre. Comme cela chacun est chez soi, et cependant on peut sans trop de difficultés passer d'une terrasse à l'autre et aller jusqu'au bout de la ville. Le jour, les terrasses sont entièrement livrées aux femmes, qui peuvent se rendre visite sans craindre les regards indiscrets. Il parait même qu'un marché se tient sur les terrasses; ce doit être assez curieux. Bien qu'aucun homme ne doive paraitre sur les terrasses, je me suis hissé sur celle de notre cuisine (au grand étonnement des voisines), pour faire une vue panoramique. La nuit, les terrasses sont transformées en chambres à coucher, du moins l'été.

Pénétrons maintenant dans l'une de ces maisons. Laissez-moi tout d'abord vous conduire dans la maison occupée par la popote de la Mission française. C'est là que je fus reçu par le commandant Donau et par ses aimables compagnons avec cette franche cordialité qui rend si agréables les relations avec les officiers des territoires militaires. Je dois ajouter que cette gaité n'empêchait pas le chef de popote, le lieutenant Descrouez, de songer aux affaires sérieuses. Les maitresses de maison frémiront en

songeant qu'il devait combiner ses menus vingt
jour.. à l'avance, s'il ne voulait pas s'en tenir aux
boîtes de conserves! Et quels menus! Oyez celui
qui fut servi au kaïmakam: harengs à l'huile —
chekchouka (œufs à la tomate) — couscous — gigot
de gazelle — foie gras — crème au chocolat et œufs
à la neige — ananas — fruits confits; avec cela du
pain presque frais (il n'avait pas plus de quatorze
jours). Le kaïmakam fut réservé sur le vin de Car-
thage et le château-margaux, mais il fit royalement
honneur au champagne des territoires du Sud. (Tu
pardonneras, Mahomet, ce n'était pas du vin, c'était
de la « gazouze »!)

La popote était située dans la grande rue des
Ouled Belil. La porte, assez haute, donne dans une
sguiffa, sorte de vestibule où somnole sur une banquette un gendarme turc. Réveillé en sursaut, il se
lève pour saluer et vous envoie dans les jambes son
sabre, d'une longueur invraisemblable. Sur le côté
du couloir, une porte donne dans une cour intérieure,
entourée d'arcades et mesurant quatre ou cinq mètres de longueur. Tout autour règnent quelques
pièces sombres qui servent de magasin, de serre-bois
et de closets (quelle torture!). Un escalier extérieur,
dont les marches ont bien quarante centimètres de
hauteur (elles sont aussi hautes que peu larges) et
qui ignorent la rampe, même au premier étage. Une
galerie couverte, dont ma tête tâtait trop souvent

COLONNES ET CHAPITEAUX BYZANTINS DANS UNE MOSQUÉE
ABANDONNÉE.

INTÉRIEUR DE LA MAISON D'EL HADJ MOHAMMED ET TOUAMI.
EL ADOUÉ.

les arceaux, court sur deux côtés et dessert quatre pièces, dont trois servaient de chambres à coucher et l'autre de salle à manger. Celle-ci a environ cinq ou six mètres de longueur sur trois de hauteur. Deux petites fenêtres donnent un jour suffisant et ne doivent pas laisser passer trop de soleil en été. Le plancher est de terre battue, reposant sur des troncs de palmiers; quant au plafond, il est formé de *djerid* (de palmes) et supporte la terrasse. Cette maison était celle du kaïmakam, qui l'avait mise à la disposition de la Mission et ne voulut pas consentir à recevoir d'indemnité.

La maison qu'on me proposait était de même type; elle était située dans une impasse du quartier de Taferferat. La chambre était spacieuse et bien éclairée par une grande fenêtre grillagée; mais elle possédait certaines commodités, dégageant un parfum fort incommode. Le propriétaire nous l'aurait bien prêtée, mais elle appartenait à ses neveux et, vous comprenez, il fallait veiller à leurs intérêts! Aussi, avait-il accepté (pour eux) 10 francs de location pour une semaine, alors que le loyer annuel d'une telle maison est de 25 à 30 francs. Finalement, je préférai rester au camp.

Les bureaux du kaïmakamlik sont installés dans une maison analogue, quoique plus importante, de construction récente. Aux angles se dressent des cornes d'antilope, tandis que la terrasse est dominée par une hampe où flotte, chaque vendredi, le pavillon ottoman. Les arcades de la cour intérieure sont ornées de dessins en plâtre, tandis que le milieu de celle-ci est occupée par une superbe touffe de fèves en fleurs! Les bureaux du cadhi et de divers employés ouvrent sous ces arcades. Dans chaque pièce, une malle immense, où les paperasses sont entassées pêle-mêle, représente les archives. Naturellement, le public s'asseoit par terre. Pour atteindre le premier, il faut s'engager dans un escalier intérieur, aux marches d'une fantaisie déconcertante. Une galerie partiellement couverte mène aux diverses pièces : bureau du kaïmakam, trésorerie, poste ottomane (une demi-heure pour affranchir trois lettres recommandées; coût : 1 fr. 85; pour ce prix, qui nécessite de longs calculs, l'employé vous remet, en guise de reçu, le papier qui doit être signé par le destinataire).

Ce type de maisons n'est pas commun en dehors du quartier des Ouled Belil; dans le centre de la ville, il n'y a pas de cour. La maison la plus curieuse est celle d'El Hadj Mohammed et Touami, gros négociant et conseiller municipal. Entrons-y. Près du souk, dans une ruelle de Taferferat, une porte basse donne sur un couloir complètement obscur. Vous descendez deux marches, tournez à gauche, tournez à droite, montez une douzaine de marches, en trébuchant au milieu d'énormes jarres où refroidit

l'eau de la source, et vous voilà dans la pièce principale : à la fois salon, magasin et chambre à coucher du maitre. C'est une salle carrée, de 4 à
5 mètres de côté, assez haute, dont le plafond plat, en
branches de palmier, est percé d'une lucarne qui
jette une haute lumière et permet à l'air de se
renouveler. Face à l'escalier s'en voit un autre, qui
mène aux pièces de l'étage supérieur et à la terrasse.
Une chèvre erre sur les marches; à un moment,
une tête de négresse apparait par une petite porte,
puis disparait. Dans le coin opposé, un nouvel
escalier, de quelques marches seulement, conduit
dans une autre pièce. Sur la grande salle ouvre
une sorte d'alcôve où se trouve un lit en bois, de
style arabe, peinturluré de rouge et de vert; on
dirait un catafalque. Une tenture le dissimule, tandis qu'une autre ferme une baie qui sert de placard.
Par terre sont étendus des tapis avec coussins, qui
doivent former la couche habituelle du maitre de
céans. Bien curieuse est l'ornementation de cette
pièce. Laissons de côté le chandelier de métal blanc
et les vases ornant une petite étagère; ils auraient
pu être gagnés aux tourniquets de la foire de
Neuilly. Par contre, le fond de la pièce offre une
décoration vraiment originale : le mur est garni
d'une longue tenture à dessins rouges, jaunes,
blancs, au-dessus de laquelle sont accrochés, avec
des glaces italiennes de tout modèle, des corbeilles

en sparterie et surtout de singuliers plats en cuivre, de forme et de dimension variées, sur lesquels jouent les rayons de soleil échappés par la lucarne. Dans une niche, quelques brûle-parfums, également en cuivre; un peu plus loin, des armes : un sabre, un fusil et un vieux pistolet, recouverts d'une couche de poussière qui suffit à attester le caractère pacifique du propriétaire. L'ensemble offre un aspect un peu criard, mais plein de pittoresque. Toutefois, la chose la plus remarquable, c'est peut-être l'ornementation architecturale de la salle, les applications en plâtre blanc ou bariolé dont la forme mérite de retenir l'attention : les trois cornes, si communes à Ghadames, se complètent ici d'une sorte de tête, mais surtout nous voyons, à côté d'elles, une peinture (en ocre, si mes souvenirs sont précis) rappelant un peu une silhouette de femme avec des bras courts et une robe en éteignoir. J'ai été vivement frappé de la ressemblance qu'offre cette figure avec les représentations de Tanit, publiées récemment par le Dr Bertholon. Dans son étude sur la religion des Libyens, ce savant a montré que Tanit n'est nullement une divinité phénicienne; c'est une divinité essentiellement libyenne. Il est donc tout naturel de trouver son souvenir persistant à Ghadames. Entre deux de ces figures se voit un signe qui ressemble au caducée; enfin, la décoration du dessus de la porte est évidemment empruntée au palmier.

Voilà donc réunis dans cette salle presque tous les attributs de Tanit. Qu'on me permette de rappeler encore combien les cornes jumelées de certaines tours ou hautes maisons de Ghadames sont analogues à la figuration schématique d'Ammon. Cette analogie est encore renforcée par une phrase de Rohlfs, qui d'ailleurs n'en tirait aucune conclusion ; d'après ce célèbre voyageur, les mêmes types d'architecture s'observent à Ghadames et à Siouah, dans l'oasis de Jupiter Ammon. Il y a là un ensemble de faits qui méritent d'être relevés.

Ces considérations doivent peu toucher El Hadj Mohammed et Touami, qui préfère nous écouler sa pacotille. Chose singulière, il n'a presque rien dans son magasin. Il finit cependant par nous sortir d'un placard quelques tentures du Soudan à grandes rayures ou à carreaux blancs et bleus ; d'autres ont des dessins roses sur un fond verdâtre. Puis il nous offre un *toub*, sorte de peplum ou de gandourah à manches courtes, en cotonnade indigo, orné de dessins blancs asymétriques, qui ont beaucoup de cachet ; d'autres spécimens sont rouges, avec ou sans dessins. Quelques coussins touareg et des paquets de plumes d'autruche, blanches ou noires, complètent le déballage.

Un autre jour, nous sommes allés chez Cheikh el Habib ben Azeddin, autre notable commerçant. Même entrée noire et tortueuse, même salle carrée, éclairée par le haut, même alcôve dissimulée par une draperie, mais décoration plus sobre : seulement quelques tentures soudanaises à carreaux, sans les plats de cuivre. Dans un coin, des vêtements sont pendus en dessous d'une étagère portant un bric-à-brac invraisemblable : boules de verre bleues ou vertes, vases à fleurs criardes, vieilles fioles de parfumerie, chandeliers en métal blanc et, à côté de cela, un charmant flacon en cuivre ciselé, destiné à l'eau de fleurs d'oranger. La civilisation européenne est représentée ici par un parapluie et... un stylographe! Cheikh el Habib est un raffiné : sa tenue soignée et sa propreté contrastent avec la saleté de Mohammed et Touami, qui doit craindre l'eau à l'égal des Touareg. De taille moyenne, la figure fine et souriante, qu'orne une courte barbe, commençant à grisonner, le nez droit et mince, les yeux très vifs, vêtu d'une sorte de gandourah brune et verte, Cheikh el Habib tient salon, assis sur une malle formidable où il range son argent et sa comptabilité. Il semble presque ennuyé quand nous lui demandons de nous montrer ses marchandises. Il préfère causer. Après avoir jeté sur un petit brasero un peu de *bekhour*, sorte de pâte formée de cire, de poix, d'encens et de plantes aromatiques, il prend dans une armoire-bibliothèque, où sont entassés une quarantaine de volumes, un traité de géographie avec de nombreuses cartes coloriées, et on parle voyages. Pendant ce temps, un confrère, chez lequel nous n'avons pu aller, car il prétendait n'avoir rien à vendre, Ahmed el Ensari, fait marcher le commerce. C'est un homme de forte corpulence, toujours habillé de blanc, et qui est fort aimable. Il opère comme chez lui; il nous présente des cotonnades soudanaises, des coussins touareg, des plumes d'autruche, etc. Impossible d'obtenir de lui un prix : « Achète, dis ton prix, nous nous entendrons toujours. » Cela ne l'empêche pas de déclarer dérisoires les sommes que nous lui offrons. Finalement, l'affaire conclue, Cheikh el Habib consent à interrompre un instant la conversation sur la géographie et sur la valeur de l'or pour empocher l'argent!

Il est hors de doute que l'aridité du Sahara relève avant tout de conditions climatiques. Partout où il y a de l'eau surgit une oasis, qui forme comme une île au milieu de ces solitudes désolées. Ainsi Ghadames doit l'existence à sa belle source, connue sous le nom d'Aïn el Fress, la « source de la jument »; le plus souvent, on l'appelle seulement « la source », ce qui est suffisant, puisqu'il n'y en a pas d'autres. D'après le récit que m'a fait Ahmed el Ensari, une jument, frappant le sol de son sabot, aurait fait jaillir la source, qui a été arrangée par les « gens d'autrefois », il y a de cela 5 000 ans. A la date près, c'est la légende qu'on retrouve en de nombreux endroits. Faut-il induire de là que la source a été mise à jour artificiellement? Des fractures naturelles ont-elles simplement donné issue à la nappe captive? Il ne me semble pas possible d'en décider. Ce qui est indiscutable, c'est qu'il s'agit d'une source artésienne, comme l'avait déjà reconnu Vatonne. Elle sort dans un grand bassin affectant à peu près la forme d'un rectangle dont un angle aurait été abattu; le plus grand côté mesure de 25 à 30 mètres; son symétrique, de 20 à 22 ; la hauteur du rectangle est environ de 15 mètres, tandis que le côté rogné en aurait seulement 7 ou 8. Près des bords, le bassin n'a pas plus d'un mètre de profondeur ; au centre, celle-ci atteint 5 ou 6 mètres ; néanmoins, la transparence de l'eau est telle qu'on distinguerait le moindre objet; de grandes plantes aquatiques garnissent le fond, mais elles n'abritent ni poissons, ni mollusques. Peu avant notre passage, le kaïmakam avait fait curer la source et on en avait retiré vingt ou trente mètres cubes de pierres, qui ont été utilisées pour faire un pavage cyclopéen dont ce fonctionnaire était très fier. La source a mis trois heures et demie pour remplir son bassin. L'eau bouillonne en de nombreux points, surtout au centre et près du bord méridional de la vasque. D'après mes observations, au début de mars, l'eau avait une tem-

LE GADOUS EST INSTALLÉ SOUS UNE NICHE A L'ANGLE DU SOUK.

pérature de 30°, la température de l'air étant 8°,5.

Je ne sais plus quel auteur arabe réédite, à propos de Ghadames, la fable rapportée par Pline, au sujet de Telga, autre ville des Garamantes : l'eau de la source est bouillante de midi à minuit, et glaciale de minuit à midi. Inutile de dire que c'est une plaisanterie; par contre, quand le thermomètre était à 0°, le tub à l'eau de source n'était pas sans charme.

Bien qu'il y ait quelques puits à Ghadames, l'eau de la source est seule utilisée pour la boisson et les usages domestiques. C'était un spectacle biblique que ces longues théories de femmes venant chaque matin remplir leur cruche à la source. Naturellement, il faut laisser refroidir cette eau avant de la consommer; l'hiver, on l'abandonne dans de grandes jarres en terre; l'été, elle ne refroidirait pas assez, aussi use-t-on alors de *guerbas* ou peaux de bouc que l'on suspend dans un courant d'air. Cette eau est notablement magnésienne; aussi son effet est-il certain. Elle contient de deux grammes et demi à trois grammes de sels de soude et de magnésie, c'est dire qu'en France on la trouverait imbuvable; c'est cependant la meilleure que nous ayons rencontrée dans notre voyage, à l'exception de l'eau de Djenelen.

L'eau de la source s'échappe par cinq *souagui* (pluriel de *saguia*) ou canalisations qui la distribuent dans l'oasis. D'après le kaïmakam, la première saguia (celle de Teskou) est la plus importante, ce qui est exact; sur son parcours est établi le compteur dont nous allons voir le fonctionnement. La deuxième saguia débiterait le tiers de la première; la troisième, le tiers de la deuxième, et ainsi de suite. C'est peut-être vrai en principe, mais, en fait, je doute de la rigueur de cette répartition. En admettant le principe, il suffirait d'avoir le débit d'une canalisation pour connaitre le débit total de la source. C'est ce que j'ai tenté de mesurer sur la saguia de la mosquée de Tinguesine, mais il y avait tant de causes d'erreurs que le résultat n'a aucune valeur. En effet, il est très difficile de trouver, avant toute division, un tronçon de saguia, à découvert sur une longueur suffisante; puis, la section varie à chaque instant; enfin, le courant est si faible que le flotteur s'arrête dans tous les coins et s'éternise dans les remous. Par comparaison avec des sources que je connais (Djerid et Nefzaoua), je crois que le débit total de la source peut être évalué à 2 000 ou 3 000 litres à la minute.

Au Sahara, l'eau est une valeur, qui donne même lieu à transactions. Il importe donc de l'évaluer, de mesurer la quantité d'eau à laquelle a droit un jardin. Cette évaluation se fait en temps et non en volume. En effet, la surface irriguée est toujours la même; le débit de la source peut varier (quoique ici

dans d'assez faibles limites), la répartition par unité
de temps maintiendra les conditions égales pour
tous les propriétaires. Cette unité de temps est me-
surée à l'aide du *gadous*, compteur primitif, qui est,
en somme, une sorte de clepsydre, un simple vase
en fer, de deux litres de capacité, se vidant par un
petit trou percé au fond, en trois minutes environ.
Ce compteur est installé sur la place du Marché,
en un endroit très fréquenté où chacun peut con-
trôler les opérations. Sous une petite niche est
accroupi un homme, véritable émule des Danaïdes,
dont la seule fonction est de remplir le vase percé.
Dès que celui-ci est vide, l'homme s'empresse de le
remplir et fait un nœud à une fibre de palmier;
c'est là son registre de comptabilité qu'il doit présenter à l'*amin el ma*, qui règle toutes les questions
touchant à l'irrigation. Un cri du gardien indique
que le temps accordé à un jardin est révolu; aussitôt, les nègres qui cultivent les nouveaux terrains
à irriguer se précipitent pour modifier les barrages
et envoyer l'eau sur leur terre.

Tozeur possède une réglementation analogue,
beaucoup plus parfaite d'ailleurs; le débit des canaux est subdivisé progressivement, avec bien plus
de rigueur qu'à Ghadames. En outre, l'unité de
temps, le gadous, vaut cinq minutes au lieu de
trois. Cette unité est trop petite pour l'usage courant. aussi la remplace-t-on par des multiples. Na-

turellement, l'eau coule jour et nuit; c'est une den·
rée trop rare pour qu'on en perde la moindre quantité, aussi l'arrosage se poursuit-il la nuit comme le
jour. Seulement, l'unité d'évaluation n'est pas la
même dans les deux cas : l'unité de nuit, la *dermissa*, est bien plus forte que l'unité de jour ou
faneuz. Ces unités subissent des variations suivant
les saisons. De plus, le tour d'arrosage, autrement
dit le temps nécessaire pour irriguer tous les jardins, est soumis à des variations saisonnières,
résultant de la variation contraire du faneuz et de
la dermissa; il revient tous les trente jours en hiver,
dix-neuf jours au printemps et en automne, treize
jours en été. C'est ce qu'on appelle le *dhemi* à Ghadames (c'est la *nouba* du Sud tunisien).

Je disais tout à l'heure que l'eau est une valeur.
Actuellement, le faneuz se paye 80 francs par an;
la dermissa, 320 francs, d'après le lieutenant
Bouvet. Duveyrier indique un nombre dix fois plus
faible, et Mircher un nombre vingt fois plus fort. Il
est peu vraisemblable que cette valeur ait subi de
pareilles fluctuations; il y a eu, sans doute, des
erreurs que je ne suis pas en état de lever, erreurs
peut-être volontaires de gens qui ne tenaient pas à
renseigner des étrangers. Il faut ajouter que ces
prix se rapportent à la saguia principale, celle de
Teskou, sur laquelle est établi le compteur; pour
les autres, dont le débit est 1/3, 1/9, 1/27 de celle-là,

LE SYSTÈME D'IRRIGATION DANS UN JARDIN, A L'OUEST DES PUITS
D'EAU CHAUDE.

CINQ GRANDS DIABLES S'ÉVERTUENT A PUISER L'EAU
AVEC DES PANIERS PERCÉS.

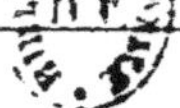

les prix du faneuz et de la dermissa sont réduits en proportion.

On voit combien est compliqué ce système de mesure (encore l'ai-je simplifié beaucoup en supprimant les unités intermédiaires). Si l'on aperçoit la raison d'être de certaines particularités (inégalité des jours et des nuits, valeur variable de l'évaporation, etc.), les autres nous échappent complètement : ce sont, sans doute, des survivances d'un état antérieur.

Le manuscrit de la Bibliothèque Nationale nous montre les gens de Ghadames sans cesse préoccupés de cette importante question de répartition et s'efforçant de l'améliorer, mais il en résultait de nouvelles complications. Ils en étaient venus à adopter une unité de temps (la *habba*) qui n'atteignait pas 20 secondes. Évidemment, un jardin n'était guère irrigué pendant un si court laps de temps ; c'est là l'origine d'une expression en usage à Ghadames : « Je n'ai même pas une habba », déclare celui qui n'a plus le sou.

Nouvelle difficulté lorsque le gadous se brise. Il faut en faire un autre, mais comment savoir si le trou est bien semblable à l'ancien? Les Ghadamsiens ont alors décidé que le vase devrait se vider pendant le temps que l'on met à compter de 1 à 300. Si ça ne va pas, on recommence avec un autre vase. Comme contrôle, il faut que le gadous se vide

700 fois du lever au lever du soleil, c'est-à-dire en 24 heures.

Vous voyez comme c'est simple! Et tout cela parce que les Ghadamsiens n'ont pas la montre de la célèbre maison X... (je m'arrête!).

Quoi qu'il en soit, les droits perçus vont au Gouvernement ottoman, qui possède l'eau et concède seulement le droit d'usage; il en tire une cinquantaine de mille francs par an.

Pour les puits, il n'y a pas de réglementation si compliquée. Les deux puits d'eau tiède appartiennent, si j'ai bien compris, à un certain nombre de propriétaires qui font entre eux leur répartition. Quant aux puits ordinaires, ils dépendent du jardin qu'ils servent à irriguer.

Ces deux puits d'eau tiède ne sont qu'à une centaine de mètres à l'ouest de la source; l'un d'eux est au bord d'un chemin; l'autre, au milieu de jardins. Ce sont de larges trous carrés, de quatre à cinq mètres de côté, dont la profondeur est légèrement supérieure à quatre mètres. Bien que l'eau soit un peu moins chaude (25°) que celle de la source, il ne me paraît pas douteux qu'elle provienne de la même nappe artésienne; seulement, elle s'est quelque peu refroidie en circulant dans des fissures voisines de la surface. La perte de charge qui en résulte empêche l'eau de s'écouler toute seule; aussi, tous les matins, cinq grands diables s'évertuaient-ils à puiser l'eau à l'aide de paniers percés, et cela pour la somme de 50 centimes !

Si tout est fait pour le palmier dans une oasis, on peut presque dire que tout est fait par lui. En arrière du puits, un mur en terre, entaillé de six créneaux, supporte cinq troncs de palmiers, formant bascule, une place restant vide. Le côté de la racine, surchargé de mottes de terre, fait contrepoids. A l'autre extrémité est attachée une corde de bourre de palmier, à laquelle est suspendu un couffin ou panier en feuilles de palmier adroitement tressées, mais non de façon si étroite qu'il soit impénétrable. En somme, c'est le *chadouf*, si commun en Égypte et qu'on rencontre un peu sur tout le pourtour de la Méditerranée; seulement, ici, il est multiple. Cinq hommes debout sur un tronc de palmier, couché en travers du puits, ont devant eux un autre tronc creusé d'une rigole. En tirant sur la corde, chaque homme fait descendre son panier qui contient une quinzaine de litres; lorsque le couffin arrive au niveau de l'eau, un petit coup sec à la corde lui fait prendre une position verticale, afin qu'il se remplisse bien. Le contrepoids se charge de remonter le panier plein d'eau, dont le contenu est versé dans le tronc de palmier évidé, de l'extrémité duquel part la canalisation. Les hommes travaillent avec ardeur, en mesure; en trois heures de puisage, ils abaissent d'un mètre le niveau de l'eau. A la fin de l'après-midi, celle-ci a retrouvé son niveau primitif. Le chef de la bande — un vieux Ghadamsien qui nous injuriait copieusement, d'abord en arabe, puis en berbère quand il se fut rendu compte que nous comprenions l'arabe — poussait de temps à autre un cri : alors un homme, armé d'une houe, modifiait promptement les petits barrages en boue destinés à diriger l'eau.

Il existe également des puits ordinaires, surtout au pourtour de l'oasis; j'en ai vu cinq ou six; certains d'entre eux sont abandonnés, mais d'autres ont été réparés récemment. En moyenne, ils ont une dizaine de mètres de profondeur. Leur eau, très fortement salée, dérive évidemment du drainage des parties irriguées. Ces puits sont d'un modèle courant en Tunisie. Sur un plan incliné, dont la longueur est égale à la profondeur du puits, descend un chameau qui fait remonter une sorte de seau en cuir, un *dhalou*, de vingt à quarante litres de capacité. L'eau tombe dans un réservoir d'où on la répartit suivant les besoins. J'ai même vu un puits, réparé récemment, où plusieurs animaux pouvaient travailler à la fois.

Quand on a cheminé quelques jours sur la hamadat décharnée, Ghadames parait un séjour enchanteur : de l'eau courante, de la verdure, voilà des choses

LE LAVOIR DES NÉGRESSES.

admirables pour des yeux qui ne connaissaient plus que la fauve aridité du désert ! Se promener à l'ombre des palmiers, le long des ruisseaux gazouillants, cela vous change des journées passées à chevaucher au soleil ou à ausculter des cailloux calcinés. Avec quelle joie on chemine au hasard des sentiers, l'œil attiré par quelque détail pittoresque que l'objectif s'empresse de saisir : ici c'est un déménagement à chameau, qui s'effectue laborieusement dans des ruelles étroites ; là, c'est un groupe de négresses, les jambes dans l'eau, en train de laver leur linge dans une conduite d'eau, en babillant ainsi qu'il convient pour une telle opération.

Ghadames acquiert un cachet particulier de ce fait que les jardins entourent la ville, alors que dans beaucoup d'oasis les habitations sont en dehors des palmiers, tant par raison sanitaire que pour ne pas gaspiller un terrain précieux. Un quartier se trouve complètement isolé dans les jardins ; il comporte une rue couverte, analogue à celles déjà décrites, mais assez courte, et une ou deux rues à ciel ouvert, de même qu'une petite place. Des portes, surmontées d'un bastion, défendent cette petite fraction des Tinguesine ; je n'y ai vu que des nègres et des négresses. On est surpris de trouver çà et là dans les jardins une porte coupant la rue, que surmonte une voûte ou une tour, permettant d'en interdire l'accès. Tout vous rappelle que l'insécurité était la règle en ce malheureux pays. Quelques maisons sont isolées dans les jardins, mais c'est l'exception. L'une d'elles mérite une mention spéciale: c'est la plus récente et sans doute la plus importante de Ghadames. Du côté des jardins, elle prend un aspect de forteresse. En réalité, c'est un fondouk, sorte de caravansérail et d'entrepôt, qui vient d'être construit au bord occidental de l'oasis par El Habib, un des grands négociants de Ghadames; c'est là qu'était logée la Mission ottomane. A part quelques exceptions, les constructions disséminées dans les jardins ne servent plus que de magasins à provisions.

Le terrain ne présentant pas une pente suffisante pour permettre à l'eau de la source d'accéder aux jardins, il a fallu creuser le sol de ceux-ci, d'autant plus qu'ils sont plus éloignés de la source; au pourtour de l'oasis, ils sont ainsi enfoncés de deux, trois, quatre mètres au-dessous du sol primitif. Les déblais ont été accumulés en véritables collines, mais, tout d'abord, ils ont servi à édifier des murs en terre qui enclosent tous les jardins et arrêtent la vue. Une porte, ridiculement basse, permet de s'introduire dans ces jardins dont la plupart sont fort exigus. Très peu d'entre eux renferment 50 ou 100 palmiers; beaucoup n'en comportent que 4 ou 6. On voit à quel point la terre est morcelée, ce qui ne prouve pas qu'elle soit également répartie entre tous; une seule famille possède une soixantaine de jardins sur les 200 que compte l'oasis.

D'après le plan de Vatonne et de Polignac, revisé par les capitaines Meullé-Desjardins et Boué, l'oasis de Ghadames mesure deux kilomètres de longueur sur 1500 mètres de largeur; elle couvre environ 125 hectares, défalcation faite du terrain occupé par les maisons de la ville. Dix hectares environ (au nord-est) sont cultivés seulement en céréales: au début de mars, ils portaient de l'orge et du blé barbu déjà épié et en bel état; il est vrai qu'il avait plu cette année. Le reste est couvert par les palmiers, mais étant donné le terrain occupé par les chemins, les canalisations et les murs, la surface utile ne doit guère être supérieure à 75 ou 80 hectares. Il est évident que l'oasis était jadis beaucoup plus étendue, surtout au sud-est ; plus de 50 hectares situés à l'intérieur des anciens remparts (la moitié de l'oasis actuelle) sont entièrement abandonnés; le plan des jardins est encore manifeste, quelques murs demeurent debout, et l'on trouve çà et là des troncs de palmiers brisés. Ailleurs, la zone abandonnée est plus réduite (deux à trois cents mètres de largeur), mais elle suit presque partout les remparts. En dehors de ceux-ci, du côté occidental, des emplacements limités par des lignes droites et des restes de murs accusent l'existence d'anciens jardins; je n'y ai vu aucune trace de palmiers, peut-être ce terrain était-il seulement cultivé en céréales.

Quelle cause assigner à cette déchéance ? Il suffit de regarder les environs de Ghadames pour être pleinement persuadé que toute culture cesse forcément là où l'eau ne parvient pas. Il est fort possible que le débit de la source ait fléchi. Actuellement, cette dernière ne peut irriguer plus de la moitié de l'oasis. Comme je l'ai déjà dit, deux puits d'eau chaude et quelques puits à galerie fournissent le complément d'eau. J'ai constaté l'abandon de plusieurs puits contenant encore de l'eau. Il faut donc chercher une autre cause à la déchéance de l'oasis, qui semble s'être accentuée depuis un demi-siècle. Or, c'est précisément l'époque où s'est consolidée la domination turque. Richardson nous a laissé l'écho de la manière dont celle-ci pressurait les Ghadamsiens ; ces derniers n'avaient plus intérêt à bien cultiver leurs jardins, de peur de paraître riches. Toutefois, la cause principale de déchéance me paraît être le manque de travailleurs, résultant de la suppression de la traite. Encore à l'heure actuelle, les seuls cultivateurs qu'on trouve dans l'oasis sont des nègres, seulement il faut les payer, si peu que ce soit, et leur nombre est limité.

D'après les renseignements qui m'ont été donnés, l'oasis de Ghadames contient de 20 000 à 30 000 palmiers. Duveyrier disait 63 000, mais il ne garantis-

TOITS TRANSFORMÉS EN TERRASSES. (REMARQUER LES CORNES.)

BORD DE L'OASIS OÙ L'EAU NE PARVIENT PLUS.

JARDINS ABANDONNÉS.

sait pas le nombre. On peut admettre 25 000, au total. Quelques-uns sont d'assez haute taille, de dix-sept à vingt mètres; ce sont presque uniquement de vieux palmiers (un palmier dure trois vies humaines, dit-on); il n'y a presque pas de jeunes plants. Les espèces sont nombreuses. Notre vieil ami, le Ghadamsien de la place du Mûrier, m'en a dicté vingt-trois que je transcris, car la liste me semble inédite : *medghioua, thammoudi, temdjou-hert, tissiouine, khadraïa, tilaouane, tilommane, kourkabi, sihani, ouffane, dembou-dembou, taf-zouine, taouajet, tannehart, ouidine, tiniacoura, teksebbi, tinsoukkri, oum el acel, safer, tinakkas, ghers, deglat en nour.* On remarquera, dans cette liste, le mélange de noms arabes et de noms ber-bères (*tin* signifie datte, en berbère); il est même un nom bizarre, latino-berbère : *tinsoukkri*, la « datte sucrée », qui voisine avec *oum el acel*, la « datte qui rappelle le miel ». En fait, les quatre premières espèces ont seules de l'importance. La première place revient au medghioua, non seulement parce que c'est de beaucoup l'espèce la plus abondante, mais aussi parce que c'est une spécialité indigène; en dehors de Ghadames, on ne la connait qu'à Derdj et à Sinaoun. Il donne une petite datte noire, de forme un peu allongée, rappelant une olive noire; elle est surtout bonne quand elle est fraî-che; c'est néanmoins une datte sèche, peu sucrée, de qualité secondaire. Le thammoudi a une datte de même forme, mais avec une couleur rouge; elle est moins dure et plus sucrée que la précédente. Le temdjouhert donne également une datte rouge, de forme allongée. Le tissiouine fournit des dattes rondes, de couleur blonde ambrée; la chair en est sèche et a un peu le goût de pruneau. Quant aux deglat en nour, aux belles dattes translucides et onctueuses, dont s'enorgueillissent les oasis du Sud tunisien et algérien, c'est une rareté à Ghadames; quelques pieds seulement en fournissent.

Non seulement les palmiers sont irrigués autant que le permet la rareté de l'eau, mais ils sont abondamment fumés à l'engrais humain. Le proverbe arabe dit que le palmier veut avoir « le pied dans l'eau et la tête dans le feu »; à ce dernier point de vue, il doit être servi à souhait à Ghadames; au surplus, l'humidité de l'air ne doit pas nuire à la floraison, dans un pays où dix ans s'écoulent souvent sans qu'il tombe une goutte d'eau. Néanmoins, les dattes de Ghadames sont très médiocres, ce qui tient peut-être aux espèces adoptées. Comme au Djerid, on pratique la fécondation artificielle, grâce à quelques palmiers mâles. Les bonnes années, un palmier donne une charge de chameau de dattes (soit 150 kilogrammes); les mauvaises années, un quart de charge. A Ghadames, une charge de dattes vaut quinze à vingt francs au moment de la récolte;

à Derdj, seulement dix francs; lors de notre passage (cinq mois après la récolte), le prix avait triplé. Derdj comprend, en somme, quatre oasis, renfermant beaucoup plus de palmiers que celle de Ghadames : 50 fois plus, disait le kaïmakam, 300 000 palmiers, prétend Rohlfs, évaluations sans doute très exagérées l'une et l'autre. D'après le premier, la terre y est meilleure et conserve mieux la fraîcheur, tandis qu'à Ghadames elle durcit très vite. Ce qui est certain, c'est que Derdj est mieux irrigué; les palmiers sont plantés dans la rivière même et la plupart d'entre eux n'ont pas besoin d'être arrosés; le complément d'eau est fourni par des *fegaguir* qui amènent l'eau des plateaux voisins. Ces conditions expliquent pourquoi les dattes sont moins cher à Derdj; tous les Touareg vont s'y approvisionner.

En dehors des palmiers, l'oasis de Ghadames possède divers autres arbres fruitiers : amandiers (dominant), figuiers, orangers, pêchers, abricotiers, grenadiers, mais le nombre n'en est pas bien considérable; il y a aussi quelques pieds de vigne. A l'ombre de ces arbres, on cultive divers légumes : des fèves, des navets, des tomates, des aubergines, des piments, des oignons (que l'on plante sur les petites levées de terre séparant les carrés), de l'ail, des épinards, etc.; il paraît que les melons et les pastèques sont de grosseur et de qualité remarquables, mais ce n'était pas leur saison lors de notre passage. Je mentionnerai encore la coloquinte, qui est commune dans l'oasis à l'état presque sauvage et qui joue un rôle dans la médecine ghadamsienne. C'est un purgatif très employé. On enlève la pulpe du fruit et on verse du lait à sa place; on laisse macérer toute la nuit et on absorbe le lait en se réveillant. Au besoin, on avale en plus de l'huile d'olive. L'effet est souverain. Ces gens, habitués aux eaux magnésiennes, ont éprouvé le besoin de chercher autre chose.

Dans les endroits moins bien irrigués, particulièrement au bord de l'oasis, on sème de l'orge, du blé barbu, du millet, du sorgho, du maïs. Comme l'orge se récolte au printemps et le millet à l'automne, on a deux récoltes par an; étant donnée l'exiguité du terrain cultivable, il faut évidemment pratiquer la culture intensive. Le labourage est effectué par des nègres, à l'aide d'une petite houe, à manche très incliné et fort court, ce qui oblige le travailleur à se courber considérablement. La moisson se fait avec ces petites faucilles si répandues dans toute la Tunisie et que les Arabes emploient aux usages les plus divers. Une partie des céréales est coupée en vert et contribue, avec la luzerne, à l'alimentation des animaux; mais il est juste d'ajouter que ceux-ci doivent souvent se contenter de noyaux de dattes (quelles dents et quels estomacs il leur faut!). Le produit de l'oasis ne suffit pas à nourrir les habitants; si ceux-ci exportent quelques charges de dattes, ils sont obligés de faire venir des céréales pour leur alimentation. Quant aux fleurs d'agrément, elles font presque défaut à Ghadames : le plus beau parterre consistait en une plantation de fèves qui ornait le milieu de la cour du kaïmakam.

La population animale de Ghadames est assez variée et, à ce point de vue encore, le contraste est frappant entre l'oasis et les alentours. Le chameau est presque le seul animal de charge, du moins est-ce lui qui fait tous les gros travaux. Il y a pourtant quelques ânes. Les chevaux sont exceptionnels ; il y en avait cependant un lors de notre passage. Lorsque le nègre de Tripoli allait arriver à Ghadames, son frère se précipita à sa rencontre, monté sur une jument grise qui filait d'un beau galop (ce ne pouvait être un cheval de notre escorte), mais c'est là un fait accidentel ; il n'y a ordinairement pas de chevaux, car il est trop difficile de les nourrir. (Nous savons ce qu'il nous a fallu emporter !) La même raison exclut les bœufs et les vaches ; celles-ci sont remplacées par des chèvres qui se nourrissent comme elles peuvent. Les moutons sont rares, bien que les gens du Souf en amènent de temps à autre. Les Ghadamsiens n'ont pas de chiens, mais les Touareg du plateau des idoles en possèdent ; ils ont croisé le slougui et le chien kabyle ; le produit a la forme du slougui, mais il est plus fort. Les chats sont peu nombreux; par contre, il y a beaucoup de rats et de souris. Comme la viande de boucherie est rare, les habitants mangent les rats, ce qui provoquait le dégoût du kaïmakam.

Les palmiers de l'oasis abritent des pigeons domestiques et des pigeons sauvages, une petite tourterelle, la mokka, le bou habibi (qui remplace notre moineau), un merle noir à queue blanche dont j'ignore le nom, des cangas, des corbeaux, des éperviers. Le *dhobb* (uromastyx), connu sous le nom de lézard des palmiers, est fréquent; les indigènes le mangent (nouvelles protestations du kaïmakam). Je n'ai pu établir s'ils mangeaient les serpents; les avis sont partagés; en tout cas, ce n'est pas une coutume fréquente. D'ailleurs, les serpents sont peu nombreux dans l'oasis. Il est un reptile très recherché au point de vue gastronomique, c'est le varan (*ouarran*), sorte de grand lézard atteignant un mètre de longueur, qui n'est pas très rare dans la région, surtout au bord de l'Erg; je n'ai pas entendu dire qu'il vive dans l'oasis. Sa peau sert à faire des sacoches très estimées. Les grenouilles sont communes dans les ruisseaux de l'oasis. Par contre, je n'ai vu dans ceux-ci, pas plus que dans la source, ni poissons, ni crustacés, ni mollusques. A mes question répétées, on a toujours répondu qu'il n'y en avait pas; la chose est d'autant plus curieuse que ces animaux se trouvent, en plus ou moins grand nombre, dans les eaux de toutes les oasis sahariennes et que j'ai trouvé, aux portes mêmes de Ghadames, un travertin récent, riche en coquilles d'eau douce.

Les insectes sont peu nombreux, en dehors des mouches et des moustiques, qui commençaient seulement à faire leur apparition au moment de notre passage, mais qui sont un véritable fléau à une saison plus avancée. Le soir, il y avait toujours quelques papillons crépusculaires à voltiger autour des bougies; je n'ai pas vu un seul papillon de jour. Peu d'insectes, au total, surtout quelques coléoptères noirs, entre autres le *bou derna*, le scarabée sacré, qui roule éternellement sa boule à reculons. Nous n'avons pas vu de scorpions, bien que les deux variétés (noire et jaune) soient représentées; d'après le kaïmakam, ils sont bien moins abondants que dans le nord de la Tripolitaine.

Tels sont les êtres qui peuplent ce petit monde isolé au milieu de l'immensité desséchée.

La première impression passée, quand on vient du désert, il faut bien reconnaitre que Ghadames est une oasis assez médiocre qu'embellissait le mirage saharien. On finit par être obsédé de circuler sans cesse entre ces murailles grises indéfinies, qui arrêtent partout la vue et laissent apercevoir seulement la tête des palmiers. Où est Tozeur et sa forêt de 400 000 palmiers répandant, au-dessus de véritables rivières, une ombre mystérieuse qu'éclairent les fleurs des rosiers et des grenadiers? Où est El Oudiane, dont l'air est alangui par les senteurs des orangers, chargés de fruits d'une grosseur et d'une saveur sans égales? Où est la corbeille de Nefta et sa vasque de cristal, ceinte d'une auréole de palmiers magnifiques dont le soleil dore les aigrettes avant de descendre embraser l'eau diaphane des sources? Si Ghadames est la « perle du Sahara », que dire alors du Djerid? C'est du diamant vert!

CHAPITRE V

GHADAMSIENS ET TOUAREG

Ghadames. — L'administration (kaïmakam, medjles). — Les
Ghadamsiens (Attara et Atria). — Commerce de Ghadames.
— Les Touareg Ifoghas.

L E *casa* ou *kaïmakamlik* de Ghadames est administré par une sorte de préfet, le *kaïmakam*,
qui relève directement du vali de Tripoli. Le titu-
laire du poste, trouvant le séjour de Ghadames peu
enchanteur, habitait Tripoli et avait comme sup-
pléant, lors de notre passage, Mahmoud Foussi.
C'était un homme d'une quarantaine d'années, de
taille moyenne, d'un teint fortement basané (il est
d'origine arabe), faisant ressortir des dents très
blanches; son visage peu ouvert était orné d'une
petite barbe noire et animé par des yeux bruns,
très vifs, en quête d'une approbation. Il était vêtu
à l'européenne d'un complet veston, gris brun, sur
chemise blanche; les grands jours, il mettait un
faux-col, une cravate et des manchettes à raies
rouges; un fez et des bottines à élastique complétaient l'habillement. Il avait essayé de divers
métiers. Son père, capitaine de cavalerie, lui avait fait

apprendre le métier de brodeur, en même temps qu'il l'envoyait à l'école. Le jeune homme était entré dans les postes, d'où il passa dans l'administration financière, avant d'entrer à la banque agricole du Djebel, où on vint le prendre pour l'envoyer comme kaïmakam à Ghadames, après les événements de Mechiguig. Il avait dû rejoindre son poste en quatre jours et n'avait pu amener sa famille, dont il parlait assez volontiers. Il ne songeait qu'au moment où il pourrait s'en aller. Son désir a été réalisé : il est maintenant à Djoch, où son rôle est sans doute moins facile qu'à Ghadames. Il était d'une faconde admirable chaque fois qu'il s'agissait de choses générales, mais quand je lui demandais un renseignement, il trouvait toujours une manière d'éluder la question. Le vali lui avait envoyé un courrier spécial pour annoncer ma venue; aussi s'était-il mis entièrement à ma disposition, au moins en paroles, car, en fait, nous avons eu quelques raisons de penser qu'il avait fait échouer certains projets. Il avait des idées « jeune turc » qui stupéfiaient son entourage; avec nous, il daubait de belle façon sur son Gouvernement et ses collègues. (On ne nomme kaïmakam que des médecins ou des vétérinaires! disait-il). Assez intelligent, il aurait pu rendre de réels services à Ghadames, s'il y était resté.

Le kaïmakam est assisté d'un conseil municipal ou *medjles*, qui comprend cinq fonctionnaires et quatre Ghadamsiens. J'ai eu la bonne fortune d'arriver pendant une séance extraordinaire : la conscription vient d'être étendue à Ghadames et il s'agit de désigner les soixante jeunes gens qui partiront —tristes recrues! (Il y a loin de là aux 1 000 hommes que Ghadames aurait envoyé récemment contre les Italiens, d'après les journaux). La séance se passe dans le bureau du kaïmakam. Celui-ci est assis derrière une table de bois blanc, couverte de cotonnade bleue, sur laquelle se trouvent un encrier Faber, des porte-plume, un buvard et quelques papiers. De chaque côté, deux longues banquettes, garnies de toile blanche, sont occupées par les membres du medjles. Après les « salamalik » d'usage, on apporte le *kahoua* (non moins d'usage) et des chaises boiteuses, puis la conversation s'engage; on profite de la circonstance pour me demander des renseignements sur la manière d'accroître le débit de la source, sur les puits artésiens, leur prix de revient, les éoliennes pour élever l'eau, etc. Par contre, mes questions ne reçoivent que des réponses évasives. Après la cérémonie, je propose de photographier l'assemblée, ce qui ne provoque aucun enthousiasme. Plusieurs membres se sauvent, le kaïmakam les rattrape dans l'escalier et finit par les coller en ligne sur la terrasse. Permettez-moi de vous les présenter. A gauche du kaïmakam, vêtu à l'européenne, est le cheil.h cadhi, la

(167)

figure la plus sympathique de la bande. C'est un homme d'une cinquantaine d'années, dont la figure intelligente est encadrée d'une barbe soignée, fortement grisonnante; sa longue lévite, d'un bleu presque noir, et le large turban enveloppant sa tête lui donnent un facies spécial. Originaire de Djaffa, en Syrie, il habite Ghadames depuis quelques années; nous n'avons pu savoir son nom et nous avons toujours pensé qu'il avait eu des malheurs et n'avait pas choisi lui-même ce point reculé du Sahara comme villégiature. Il causait volontiers avec nous et ne nous était nullement hostile. C'est lui qui dirige actuellement Ghadames où on a envoyé un vieux kaïmakam remplacer Mahmoud Foussi; il paraît que ses affaires s'en trouvent très bien. Si Ali Lizat bey, le chef du secrétariat, était habillé à l'européenne, avec recherche; il avait toujours un faux-col et une cravate, souvent une canne à pomme d'or; il nous abordait souvent (celui-là voulait sans cesse se faire photographier). Seulement la conversation était difficile, car il ne connaissait qu'un mot de français (polka) et à peine quatre mots d'arabe et de ghadamsi; ce devait être bien commode dans ses relations avec les indigènes. Youssef effendi, le trésorier du casa, était assez aimable, suivant les jours. Abd Allah Djemmal Eddin effendi, le directeur des finances du casa, est un petit homme court, vêtu d'un éternel pardessus. Le muphti, Ali

FEMMES TARGUIA DEVANT LEUR GOURBI.
LE CHEIKH GADDU ET EL HADJ MOHAMMED ET TOUAMI.

ben Younès, Ghadamsien au teint bilieux et au nez
en bec d'aigle, nous était franchement hostile; il se
reculait ou se sauvait pour ne pas avoir à serrer la
main du roumi exécré. Un notable commerçant, le
vieux Bechir ben .i Hadj Mohammed, égrenait sans
cesse un chapelet à gros grains de nacre pendant la
séance du conseil; il hochait la tête en ayant l'air
de dire que toutes ces inventions (les puits artésiens,
la photographie, etc.) n'étaient guère bonnes. Par
contre, Abd es Selam ben el Hadj Attia, fils du négociant qui fit une si bonne réception à Largeau
en 1875, nous était entièrement favorable. Enfin,
pour clore la liste, citons Mohammed el Habib, le
propriétaire du nouveau fondouk, une espèce de
gros traitant à moitié nègre, sale et abruti, prêt à
toutes les opérations, pourvu qu'elles soient suffisamment lucratives. Le cheikh el blad, le maire, si
vous voulez, et un des notables manquaient à la
réunion; nous ne les avons même jamais vus.

Le medjles traite toutes les questions intéressant
la ville et est chargé de répartir les impôts, assez
lourds, qui pèsent sur ce pauvre pays. On les estime
à 250 000 francs par an, mais il n'a pas été possible
de vérifier le chiffre. Le kaïmakam a seul l'autorité. Il a sous ses ordres quelques zaptiés ou gendarmes, à l'aspect funambulesque. Les uns portaient un costume de toile kaki, tandis que d'autres
étaient toujours vêtus d'un gros caban bleu foncé,

quelle que fût la température; nous avions fini par penser qu'ils avaient vendu leur uniforme pour s'acheter de quoi vivre. Une chechia, un grand sabre rouillé et une formidable paire de bottes complétaient l'uniforme. La garnison comprenait, en outre, 26 hommes, commandés par un capitaine et logés dans une caserne récemment construite sur le plateau des idoles. Ils étaient habillés de kaki et relativement propres, contrairement aux gendarmes. Ils vendaient leur pain au souk et nous en avons acheté plusieurs fois; il était de bonne qualité. On les voyait peu en ville, tandis qu'on rencontrait souvent les gendarmes traînant à travers les rues leur sabre démesuré, avec un bruit de ferraille imposant.

Ghadames compte actuellement 1 600 hommes imposés, au dire du kaïmakam, ce qui ferait les deux tiers des hommes adultes et correspondrait à 5 ou 6 000 habitants; la population est donc stationnaire. D'après notre vieux Ghadamsien, il faudrait compter en plus les hommes qui sont installés à Tunis, à Tripoli, au Soudan, etc., peut-être un millier. Les Ouled Belil, qui habitent des rues à ciel ouvert, sont d'origine arabe, mais les Beni Ouasit (ou Aït Ouasit) et les Beni (ou Aït) Oulid sont de race berbère; d'ailleurs, la langue courante à Ghadames est un dialecte berbère (le *ghadamsi*), bien que tous les habitants sachent l'arabe ; beaucoup parlent, en outre, diverses langues soudanaises, entre autres le sonrhaï, qu'ils ont apprises dans leurs voyages ou par la fréquentation des anciens esclaves noirs. Ceux-ci tiennent une place considérable, au moins par le nombre. On dit qu'il n'y a plus d'esclaves à Ghadames, mais il subsiste un grand nombre d'anciens esclaves affranchis, formant une caste à part, les *Attara* (singulier, *Atri*); ce sont eux qui effectuent tous les gros travaux. Dans cette caste se rangent également les enfants que les Ghadamsiens ont eus des femmes noires, désignées sous le nom d'*Atria*. En effet, si les Ghadamsiens n'ont généralement qu'une femme légitime, ils ne dédaignent pas le bois d'ébène; et encore, devrais-je dire : ils n'ont qu'une femme à Ghadames, car bien souvent ils en ont une autre dans chacune des villes où les appellent leurs affaires, Ghat, Kano, Tombouctou, etc. En outre, pas mal de Ghadamsiens épousent des femmes targuia, soit de la main droite, soit de la main gauche. Je suis obligé d'ajouter qu'un grand nombre d'habitants, même de notables, ont manifestement du sang nègre. Les nègres et les mulâtres forment peut-être les huit dixièmes de la population; le kaïmakam me disait qu'il y avait à peine 10 pour 100 de gens de race noble, pure. Les blancs sont l'exception. Ils sont généralement assez grands, mais souvent bouffis; beaucoup ont le teint jaune, maladif. En fait, la fièvre paludéenne est fréquente à Ghadames, moins qu'à Derdj cependant.

Dans la majorité des cas, le costume se compose d'une culotte bouffante, en coton, et d'une chemise, vierge de tout blanchissage, sur laquelle est jetée une grande pièce de laine blanche ou brune, le *haouli* ou *eksa*, qui entoure tout le corps et dont un pan, ramené sur la tête, couvre un *kabbous* ou chechia, qui a dû être rouge aux temps lointains de sa jeunesse. Comme chaussures, de vieilles sandales rapiécées. Le burnous est peu employé; il désigne les Souafa (gens du Souf) et les Ghadamsiens qui ont travaillé à Tunis. Les gens riches affectionnent le pantalon de soie de couleur voyante : rose, lilas, jaune ou rayé de diverses couleurs, et serré à la cheville. Sur la chemise repose parfois un petit gilet brodé à la mode tunisienne, puis une sorte de large blouse à manches courtes, djebba ou gandourah, en soie. Par-dessus le tout est jeté un haïk dans lequel le personnage se drape. La tête est invariablement couverte par un pan de l'étoffe, qui entoure le cou et est fréquemment ramené devant la bouche. Ce haïk est fait d'un léger tissu de soie souvent froncé; les couleurs en sont toujours claires : blanc, gris ou bien rayé, jaune paille très clair et gris perle. Les pieds sont chaussés de pantoufles brodées, qui recouvrent parfois des bottes en maroquin rouge (*mest*).

(172)

Je ne saurais décrire l'habillement des femmes nobles, car je n'en ai vu aucune. Elles vivent sur les terrasses et jamais elles ne paraissent, le jour, dans la rue, à l'exception, parait-il, du jour de la fête du *mouloud*. Elles sortent seulement à la nuit tombée, pour se rendre à la mosquée dont une partie leur est réservée; dans le quartier des Beni Mazigh, elles ont même une mosquée spéciale. Presque toutes les femmes que l'on rencontre dans la rue sont des Atria, des négresses trapues et sans charme féminin. Elles sont habillées de cotonnade bleue, exactement comme les femmes tunisiennes, mais plusieurs ont des chemises; certaines ajoutent une sorte de capuchon avec un gros pompon de laine rouge ou bariolée. Toutes sont couvertes de bijoux qui, de loin, font de l'effet : larges bracelets (*hadidat*), anneaux de pieds (*khelkhel*), qui s'entre-choquent et produisent un cliquetis spécial pendant la marche, colliers de perles et de corail, cercle de pièces autour de la tête, et enfin boucles d'oreilles monumentales (*mengouchat*), dont les anneaux ont souvent dix centimètres de diamètre et doivent peser plusieurs centaines de grammes; aussi sont-ils attachés à une boucle de cheveux tressés, sans quoi le lobe de l'oreille pourrait être déchiré.

Duveyrier vante la vertu des femmes de Ghadames. Les récits de nos tirailleurs ne confirment pas tout à fait ce brevet d'honnêteté (il est vrai qu'il s'agissait vraisemblablement d'Atria). Un poète arabe dit qu'à Mourzouk, l'inconduite des femmes empêche les nuages de se résoudre en pluie... Or, voyez l'influence moralisatrice de la France : l'arrivée de la Mission a été marquée par une pluie telle qu'on n'en avait pas vue depuis cinquante ans. Pourvu que les tirailleurs n'aient pas encore enchaîné les nuages pour un demi-siècle !

Les Ghadamsiens purs ne travaillent pas la terre (c'est la tâche des nègres); la plupart restent à ne rien faire ; ils passent très bien plusieurs heures sur un banc, souvent même sans parler (les événements sont rares à Ghadames; il est vrai que nous fournissions un sujet tout trouvé de conversation). On compte fort peu de fumeurs, le tabac est trop cher ; on en vend cependant des petits paquets au souk, venant d'Algérie. Les priseurs sont un peu plus nombreux ; ils mêlent ordinairement un peu de natron à leur neffa ou tabac à priser, sans doute pour que ça pique mieux le nez.

Ces gens sont forcément sobres, étant donnée leur pauvreté. La plupart ne mangent de la viande que dans les grandes occasions; les tranches minuscules débitées par les bouchers sont en rapport avec la faiblesse des moyens des acheteurs. La base de l'alimentation consiste en grains et en dattes. Le *couscouss* est en honneur comme dans toute l'Afrique du Nord; la *mehamsa* n'en est qu'une variété à gros grain. On y ajoute du poulet, de la chèvre, du mouton, du chameau, avec une sauce à l'huile et au *felfel* (piment rouge). L'*acida* ou *bazina* est une pâte formée de farine de maïs, de mil, d'orge ou de blé, pétrie dans l'eau bouillante; on l'additionne de beurre fondu (*smen*) et du miel (*acel*), quand on en a; à défaut de beurre, on met de la graisse de mouton ou de chameau. La *bessessa*, que j'ai déjà mentionnée, est un plat des grands jours; elle est formée de farine pétrie avec du lait et du beurre; on peut y ajouter des dattes. Les femmes font une galette feuilletée avec de la farine et du beurre; il parait que c'est très bon (quand on ne craint pas le beurre rance!). Deux boulangers fabriquent un pain très convenable, mais on n'en consomme guère. Des œufs et quelques légumes complètent les menus. Nous avons déjà indiqué les végétaux qui croissent dans l'oasis; au moment de notre passage, il y avait des épinards auxquels nous avons fait honneur; les pommes de terre viennent de Tripoli.

En route, les gens se contentent ordinairement de *zoumitha*, c'est-à-dire de farine d'orge grillée, qu'on conserve dans une petite peau d'agneau, une *smat*, ou au fond d'un *mezoued* (sac à provisions).

La boisson unique est l'eau. Le *lagmi* ou vin de palmier doit être peu en usage, car j'ai vu fort peu de palmiers ayant la tête coupée. Il parait qu'on fait du vinaigre avec la sève du palmier. Le thé

paraît plus répandu que le café; on le fait extrêmement fort et amer. Chose extraordinaire, il n'y a
pas un seul café maure à Ghadames.

Les habitants de cette ville ne sont ni plus propres, ni plus sales que beaucoup d'autres musulmans. Nous en avons surpris plusieurs en train de
faire leurs ablutions sur les canaux d'irrigation. Il
ne semble pas y avoir de hammam, de bains, à
Ghadames; ils sont remplacés par les petites logettes à ablutions de la grande mosquée.

Les Ghadamsiens ne jouissent pas d'une très
bonne réputation, même chez leurs coreligion-
naires. Duveyrier rapporte un quatrain où Sidi
Mohammed el Bakkay, grand chef religieux de
Tombouctou, les apprécie à leur valeur : « Je n'ai
pas vu d'hommes qui surpassent en manque d'hos-
pitalité ceux de Ghadames; aussi j'emporte de chez
eux la certitude qu'en fait de religion, ils sont schis-
matiques. »

En effet, ils se sont ralliés à la secte ouahabite. Il
semble que, de tous temps, les Ghadamsiens aient
été amateurs de nouveautés en matière de religion.
J'ai retrouvé chez eux des traces de la religion de
Tanit. J'ai montré d'autre part qu'ils avaient em-
brassé le christianisme au VIe siècle. La conversion
à l'Islam ne dut pas être très difficile, car, d'après
le manuscrit de la Bibliothèque Nationale, l'établissement du pouvoir d'Okba se fit par traité et non

par conquête. S'ils se convertissaient aisément, les Ghadamsiens abandonnaient promptement leurs nouvelles croyances : je ne sais plus quel historien arabe déclare qu'il fallut les convertir quatorze fois! Les trois Pères Blancs qui sont venus à Ghadamès, en 1879, et qui y ont séjourné assez longtemps, avaient acquis, paraît-il, une influence considérable, et ce serait une des principales causes de leur assassinat. Quant au meurtre de Dournaux-Duperré et Joubert, il relevait plutôt de raisons commerciales.

On a souvent représenté les habitants de Ghadamès comme un peuple de marabouts (Richardson y a beaucoup contribué); on en a fait de véritables fanatiques. Je n'ai pas eu du tout cette impression; ils me semblent être des musulmans assez conciliants. Quand nous sommes entrés dans la mosquée, plusieurs personnes nous avaient vus et nous avaient parlé avant la discussion avec El Hadj Mohammed et Touami. A Tunis, nous n'aurions pas pu rester une minute dans une mosquée. Après notre sortie s'est produit sur le souk un incident assez vif : le fils du cadhi s'est pris de querelle avec un de nos goumiers et lui a asséné sur la figure quelques coups de cette clef gigantesque que tout Ghadamsien porte suspendue devant lui. Le prétexte était que le goumier gênait l'autre et l'empêchait de voir ce que proposait un marchand du souk. J'ai toujours pensé que la raison était tout autre et que cet individu s'en prenait à un de nos hommes, n'osant s'adresser à nous, pour témoigner son ressentiment. Il ne fut pas bien difficile de séparer les deux belligérants et l'histoire n'eut pas de suite. De même, nous avons été assez fréquemment injuriés dans les rues; ce n'est certainement pas seulement le deuil de son frère qui retenait chez lui El Hadj Ali et Tseni; il n'est pas douteux qu'un certain nombre de personnages nous étaient franchement hostiles, mais, au total, la population m'a semblé assez indifférente à notre venue; les gens nous regardaient d'un œil apathique. S'il était si difficile d'entrer à Ghadames, au point que personne n'avait pu le faire ouvertement depuis quarante ans, c'est assurément à l'autorité ottomane qu'il faut en attribuer la responsabilité. C'est elle encore qui empêcha la vente des marchandises françaises envoyées du Souf à Ghadames en 1896, sous le prétexte que les Anglais avaient seuls le droit de faire commerce à Ghadames; elle prétendit agir sur des ordres venus de Tripoli, ce qui est parfaitement possible. Il est certain encore que l'autorité ottomane laissa accomplir des meurtres (pour ne pas dire plus) et qu'elle ne chercha même pas les assassins.

Les commerçants étaient tout disposés à faire des affaires avec nous; quelques-uns l'ont déclaré et nous ont reçus ouvertement. D'autres craignaient d'être mal vus du kaïmakam, mais cherchaient des moyens détournés d'entrer en relation avec nous. Ils sont assez intelligents pour se rendre compte de notre puissance et de l'utilité d'être en bons termes avec les autorités françaises. L'un d'eux nous a demandé une lettre de recommandation pour le chef de poste de Zinder, où il devait se rendre prochainement. Un autre nous a montré des lettres des Pères Blancs d'Ouargla. Tous se félicitent de notre occupation du Sahara et du Soudan ; non seulement nous y faisons régner la paix, mais, en cas de besoin, nous fournissons gratuitement une escorte pour protéger les caravanes ; il n'y a que les Touareg qui n'y trouvent pas leur compte ; leurs rapines avaient atteint un trop haut degré, il y a dix ou quinze ans.

Les commerçants de Ghadames avaient encore une autre raison de se mettre bien avec nous ; le bruit courait que nous avions acheté l'oasis ; on citait même le prix : 20 000 francs, ce qui n'était pas excessif (ce devait être dans leur pensée le montant d'un pot de vin). Il est certain que la situation était singulière : nous étions restés à Ghadames avec notre escorte après le départ de la Mission ottomane, qui semblait nous céder la place. Les négociants admettaient très bien l'éventualité, pensant que leurs affaires retrouveraient quelque prospérité sous notre domination. Néanmoins, tout cela n'était que des bruits, aussi plusieurs se tenaient-ils sur une prudente réserve, dans l'attente des événements.

Quant à nos hommes, des Ouerghamma et des Nefzaoua, il furent très bien reçus à Ghadames, car cette oasis a des relations séculaires avec la Tunisie. Pendant longtemps Ghadames et Ghat relevèrent des beys de Tunis et leur payèrent un tribut. D'après les inscriptions relevées sur les registres de commerçants de Ghat par le cheikh Mohammed ben Otsmane, bibliothécaire de la Grande Mosquée de Tunis, les princes de Ghat envoyaient chaque année au bey de Tunis dix esclaves hommes, dix esclaves femmes, un eunuque, une partie de civette et une partie d'encens du Soudan. Le bey de Tunis leur envoyait en échange vingt-cinq pièces d'étoffe, un vêtement en drap rouge brodé d'or, une épée et vingt sefsaris du Djerid (pièces d'étoffe employées comme vêtements). Les Ghadamsiens payaient un tribut analogue et pendant longtemps ils fournirent une partie de la garde des beys de Tunis. Toutes les relations commerciales avaient lieu avec Tunis par l'intermédiaire des Ouerghamma (c'est seulement dans la seconde moitié du siècle dernier que les caravanes ont pris la route de Tripoli). Pour la protection des caravanes, ces derniers percevaient un droit qui a été aboli à une époque très récente. Les

Ouerghamma avaient ainsi à Ghadames des clients, des *sahab*, qui les hébergeaient et leur versaient les « coutumes ». Nos mokhaznia et nos goumiers se trouvaient donc en pays de connaissance à Ghadames ; ils furent d'autant mieux reçus par leurs anciens clients que, cette fois, ceux-ci n'avaient rien à débourser !

Les Ghadamsiens ont le génie du commerce, aussi ne trouve-t-on pas un seul juif à Ghadames : il mourrait de faim. L'oasis étant impuissante à nourrir ses habitants, ceux-ci ont senti la nécessité d'aller au loin chercher du travail ou surtout de se livrer à des opérations commerciales. Beaucoup vont à Tunis achever leur éducation. Un proverbe local dit : « Ghadames enfante et Tunis élève. » D'après le cheikh Mohammed ben Otsmane, il y a environ 300 Ghadamsiens à Tunis, presque tous riches, bien plus qu'à Tripoli. Nombre de négociants de Ghadames ont un associé, souvent un fils ou un gendre, dans chacune des places où ils trafiquent. Ainsi, El Hadj Ali ben Ahmed et Tseni a un frère à Tripoli, un fils à Ghat, un gendre au Touat, un gendre et quatre autres représentants à Tombouctou et au Soudan. Pendant longtemps, les Ghadamsiens furent les seuls hommes de race blanche qu'aient connus les populations du Soudan. Actuellement, on trouve encore des

Ghadamsiens installés au Bornou, à l'Ouadaï, au Tchad, à Zinder, au Kanem, au Damerghou, à Kano, à Sokoto, dans l'Adamaoua et enfin à Tombouctou. La plupart des grands commerçants ont visité eux-mêmes leurs associés du Soudan.

Les Ghadamsiens font, avant tout, le commerce transsaharien; ils achètent et vendent à Tunis ou à Tripoli, d'une part, au Soudan, d'autre part; peu d'opérations se traitent à Ghadames, où souvent les caravanes ne passent même plus. Cela explique un fait qui nous avait grandement étonnés : les négociants n'ont presque rien chez eux, sauf quelques coussins touareg, des tentures, des toubs ou jellabas du Soudan, des parfums; encore faut-il les supplier pour qu'ils vous les montrent. Ces singuliers commerçants mettent leur point d'honneur à ne pas vendre chez eux, car les voisins pensent alors qu'ils ont besoin d'argent et qu'ils vont faire faillite; ils préfèrent payer 15 francs pour transporter deux ballots de marchandises à Tripoli où on les vendra parfois moins cher qu'à Ghadames; ainsi, le filali valait 3 fr. 35 le kilogramme à Tripoli, alors qu'on avait peine à l'obtenir pour 4 francs à Ghadames. D'après l'explication donnée par le kaïmakam, cette plus-value tiendrait à la plus-value de l'argent à Ghadames. On maintient cette dernière pour empêcher l'argent de sortir de Ghadames, mais le prix des marchandises est établi de telle sorte qu'il y ait équivalence. Au fond, c'est tourner dans un cercle vicieux et accumuler à plaisir les obstacles au commerce.

Celui-ci est dans le marasme; tout le monde s'en plaint. On ne vient plus acheter à Ghadames, ni du Touat, ni du Souf. A peine quelques chasseurs vont-ils s'y ravitailler. Les Touareg achètent un peu de cotonnade bleue et quelques dattes, mais ils prennent plutôt celles-ci à Derdj où elles sont moins chères. D'ailleurs, il n'y a pas de boutiques à Ghadames; j'en connais trois : une de chaque côté du souk, sous l'auvent de la porte, et une autre chez les Beni Mazigh; ce sont surtout des boutiques d'épicerie.

On s'est singulièrement exagéré l'importance du commerce transsaharien. Une caravane est arrivée de Ghat pendant notre séjour; elle devait apporter des choses superbes; en fait, elle ne comptait que vingt chameaux et n'avait guère que du filali et des cotonnades bleues. Une autre caravane était venue du Soudan, un mois auparavant ; elle était forte de trente chameaux. Nous nous sommes appliqués à nous rendre compte de l'importance des opérations. Le lieutenant Bouvet a recueilli des renseignements très précis qu'il a bien voulu me communiquer; je lui emprunte les quelques chiffres qui vont suivre.

Je dois dire tout d'abord que l'impression première

et persistante est celle d'une profonde misère. Il n'y a pas dix familles riches à Ghadamès, les autres font des prodiges d'économie pour ne pas mourir de faim. En tête, se place la famille des Tseni, qui accapare la moitié du commerce de Ghadamès; elle fait environ 140 000 francs de bénéfices par an, d'après divers témoignages. Le chef de la famille, El Hadj el Bechir ben Ahmed et Tseni, qui est mort peu avant notre passage, était très généreux et pratiquait régulièrement l'aumône de la dîme; j'ai entendu affirmer qu'il donnait chaque année 12 000 francs aux pauvres, ce qui cadre bien avec le chiffre des bénéfices rapporté par d'autres. Parmi les commerçants les plus importants, il faut également citer Mohammed el Habib, le gros traitant noir dont le foundouk était encombré de ballots de marchandises, et le vieux El Bechir ben Abd Allah, qui a été presque ruiné par les pirateries des Touareg. Notre ami Abd es Selam ben el Hadj Attia (des Ouled Belil) est également l'un des personnages importants. Nous avons déjà rendu visite à deux autres négociants : El Hadj Mohammed et Touami, Cheikh el Habib ben Azeddin (Beni Ouazit); inutile d'y revenir.

D'après le lieutenant Bouvet, les bénéfices réalisés par l'ensemble des marchands de Ghadamès se montent à 300 000 francs. Cet officier évalue à 40 pour 100 les bénéfices, ce qui donnerait un peu plus d'un million comme chiffre d'affaires. Je serais porté à relever fortement la proportion des bénéfices. Rappelons-nous la réponse faite à Duveyrier par l'un des Ghadamsiens qui avait prêté de l'argent à Barth, pendant son séjour à Kano, au taux modeste de 100 pour 100 *pour quatre mois :* « Mais c'est ce que la même somme, mise en ivoire, m'eût rapporté dans le même temps », répliqua cet honnête négociant. Quelques chiffres recueillis par le lieutenant Bouvet confirment mon impression : le bénéfice brut sur les écheveaux de coton rouge à broder est de 300 pour 100 ; sur le papier d'épicerie, ce bénéfice est actuellement de 400 pour 100 ; il y a quelques années, il atteignait 1 600 pour 100 ! Admettons néanmoins ce chiffres d'affaires d'un million. C'est une misère ! En 1875, Largeau indiquait douze millions comme un minimum. Il est possible que le commerce ait fléchi, mais ce voyageur était assurément victime du mirage saharien, qui a si longtemps sévi et qui atteint encore certaines personnes.

Il y a quelques mois, le Congrès des Sociétés de géographie, réuni à Roubaix, émettait un vœu en faveur de la création d'un chemin de fer transsaharien de Bizerte à Libreville, par Ghadames, Bilma et le Tchad. Récemment est partie une mission pour étudier un autre itinéraire, par la Saoura, qui aurait l'avantage de traverser quelques points habités. Néanmoins, tous ceux qui ont visité le Sahara en sont revenus convaincus que le commerce transsaharien se réduit à rien ou presque rien. Chudeau, le géologue de cette nouvelle mission et l'un des hommes connaissant le mieux le Sahara, a donné une expression saisissante de cette vérité, en disant que l'ensemble de toutes les marchandises transportées par les caravanes transsahariennes suffirait simplement à charger *un train de marchandises par an*. Il y a un demi-siècle, Cheikh Othman, le chef des Touareg Ifoghas qui avait protégé Laing et Duveyrier, voyant un gros brick ancré dans le port d'Alger, disait de son côté : « Avec ce que nos chameaux transportent chaque année, on pourrait remplir *deux ba-teaux* comme celui-là. » Les deux évaluations sont du même ordre de grandeur. Au point de vue technique, un chemin de fer transsaharien est réalisable; quelques considérations, d'ailleurs dis-cutables, peuvent le justifier au point de vue impé-rialiste; au point de vue économique, le résultat me parait déplorable. Je demeure rêveur quant je vois un grand économiste annoncer que le fret pourra être abaissé à 2 centimes par tonne et par kilo-mètre. Comment se fait-il donc alors que le che-min de fer d'Abyssinie et celui du Congo soient obli-gés de faire payer 1 franc par tonne et par kilomètre (tous frais payés) pour arriver à boucler leurs budgets? Le chemin de fer transafricain se trouve dans des conditions un peu meilleures que le transsaharien, mais je crains fort qu'on ait des désillusions même avec cette solution.

On ne saurait trop le répéter : le seul commerce transsaharien vraiment productif était celui du *bois d'ébène*. Du jour où nous avons, justement, aboli la traite, nous avons tué le commerce transsaharien. Actuellement, l'Ouadaï est le principal centre d'exportation des esclaves qui sortent par l'Abyssinie et la Tripolitaine. Le marché d'esclaves de Tripoli ayant été officiellement supprimé, les caravanes se dirigent sur Ben Ghazi, où elles trouvent encore à s'approvisionner d'armes à tir rapide, deuxième article important que nous nous efforçons d'interdire par tous les moyens, car il y va de la sécurité de la poignée d'hommes qui, avec un courage admirable, tient le centre de l'Afrique sous notre bienveillante domination.

Les autres articles, souvent cités comme importants : l'or, l'ivoire, les plumes d'autruche, disparaissent rapidement. Duveyrier rapporte que les caravanes d'In Salah à Ghadames comptent 2 à 5 charges d'or chacune, à destination de l'Europe. Cela ferait 3 millions d'or par an! Je ne puis croire à l'exactitude de ces chiffres. En tout cas, les commerçants de Ghadames ont été unanimes à déclarer qu'il ne venait plus d'or de Tombouctou.

Ils ont tous une petite cassette contenant des bagues torses, de grosseur diverse (c'est la forme qu'affectent ici les lingots), dont on évalue la valeur à l'aide de la balance (20 à 70 francs en moyenne). Cette cassette et les bijoux de leurs femmes constituent leur réserve de métaux précieux, puisqu'on ne peut ici employer l'expression de numéraire. L'ivoire et les plumes d'autruche deviennent de plus en plus rares, le premier, par suite de la disparition des éléphants, les secondes, à cause de la rareté des autruches et surtout de la concurrence faite par les élevages du Cap. Au surplus, ces marchandises ont pris forcément des voies plus naturelles; elles descendent du Soudan vers la côte la plus proche. Nos chemins de fer de pénétration ont été créés dans ce but, seul logique; c'est folie de vouloir faire subir à des marchandises un tracé qui ne répond plus aux conditions actuelles d'existence. Dans l'antiquité et au moyen âge, la Méditerranée était forcément l'aboutissant des produits soudanais dont une grande partie passait par Ghadamès, ce qui fit la richesse de cet emporium placé au bord du grand désert. La navigation à voiles, puis à vapeur, a modifié le problème; les anciens courants n'ont pas disparu sur-le-champ, mais ils se sont fortement ralentis. On réussira peut-être à leur conserver l'activité présente, voire à les ranimer un peu; c'est dans ce but qu'on s'efforce de rétablir les relations commerciales entre Ghadames et le sud tunisien. Rien de mieux ; la chose peut avoir un intérêt local pour ces pays peu fortunés, mais là encore il ne faudrait pas se bercer d'illusions : le résultat sera forcément médiocre.

Jetons un coup d'œil sur les marchandises transportées par les caravanes de Ghadames. En tête des marchandises européennes, destinées au Soudan, se placent les tissus de coton, généralement blancs ou bleus (*malti, mahmoudi*), et les écheveaux de coton à broder (*ouerouer*); ils forment plus de la moitié des importations; le lieutenant Bouvet les évalue à 250 000 francs. Tous, malheureusement, sont de fabrication anglaise. La soie en tissus ou en écheveaux tiendrait le second rang (60 000 fr.). Les indigènes utilisent ces produits pour la fabrication de vêtements à leur goût. Ensuite vient le papier blanc ou jaune, servant à l'emballage (40 000 fr.), puis le sucre (15 000 fr.), le thé, le savon, les bougies (chaque denrée pour 5 000 fr.), enfin de la verroterie, des miroirs, de la quincaillerie.

Les produits amenés du Soudan comprennent tout d'abord le fameux *filali*, c'est-à-dire les peaux du Soudan, brutes ou mégissées, généralement teintes en rouge, parfois en jaune; il en vient principalement de Zinder et de Kano, mais aussi du Touat. Le lieutenant Bouvet en estime la valeur annuelle à 300 000 francs, ce qui est peut-être un peu faible, si je m'en rapporte aux indications du kaïmakam. Ces peaux mégissées se vendent 4 francs le kilogramme à Ghadames (ce qui correspond à une très belle peau) et seulement 3 fr. 35 à Tripoli ; c'est l'Amérique qui en achète la plus grande partie.

Il est assez difficile d'évaluer le bénéfice réalisé sur les marchandises soudanaises ; si les marchands consentent encore à vous révéler les bénéfices qu'ils font sur les marchandises européennes vendues au Soudan, ils ne tiennent nullement à vous dire combien ils gagnent sur les produits soudanais qu'ils vous revendent.

Les plumes d'autruche viendraient au second rang avec 150 000 francs, puis les dents d'éléphant (90 000 fr.) et l'or de Tombouctou (40 000 fr.). Il faut faire mention ici des cotonnades bleues, très chargées d'indigo (guinée), qu'affectionnent les Touareg ; bien qu'elles viennent du Soudan, elles ne sont pas toutes originaires de ce pays ; certains produits anglais atteignent Ghadames après un détour par le Soudan, qui dissimule leur véritable provenance. Les vêtements brodés du Soudan (*loub, jellaba*) s'inscrivent pour 10 000 francs, de même que les tentures dites soudanaises, qui arrivent du Sénégal et du Niger par le Touat ; ce sont d'épais tissus de coton à damier blanc et bleu (*kella*) ou à grandes

rayures blanches sur fond indigo (*mouro*). Les *haouli*
du Touat, très appréciés à Ghadames, figurent sur
nos listes pour 5 000 francs (il est bien entendu que
la plupart sont réexpédiés, comme toutes les marchandises précédentes). L'Aïr a la spécialité des
cuirs travaillés : sacs à provisions (*mezoued*), pen-
dentifs pour chameaux (*krab*) et surtout coussins en
filali, si appréciés dans toute l'Afrique du Nord; les
uns sont arrondis (*megaada*), les autres allongés
(*ouçada*); ils sont ornés de dessins capricieux et
pittoresques, faits à la peinture ou gravés au couteau; les négociants de Ghadames en achètent pour
20 000 francs par an. Les outres en peau de bouc
(*guerba*) d'Agades, de Zinder, de Kano sont également très prisées dans ce pays où la conservation
de l'eau est chose capitale (10 000 fr.). C'est encore
l'Aïr qui fabrique ces curieuses boîtes en peau de
chameau embouti, dont deux types sont reproduits
ci-contre; ce sont des bibelots qui servent, à
l'occasion, de boîtes à parfums. Jointes aux selles de
méhari (*rahla*) et aux harnachements, aux clochettes
en cuivre qui ornent le nez des chameaux, aux
armes (lances, poignards, épées), aux fioles à parfums, elles arrivent au total de 5 000 francs. Il ne
faut pas oublier les parfums eux-mêmes, le *bekhour*,
mélange de cire, de poix et de résine de plantes aromatiques, qui brûle avec une odeur assez agréable,
et surtout le *sbed*, pâte brune à l'odeur aussi vio-

lente que nauséabonde, produit de la sueur et des glandes anales d'un chat (*guet*) qui serait différent de la civette. Les Ghadamsiens en raffolent; ces gens qui meurent de faim payent cette denrée 75 centimes le gramme! (Il est vrai qu'elle a la réputation de vous attirer l'amour des femmes!) Des industriels, astucieux sinon consciencieux, l'adultèrent en y ajoutant de la graisse. Je m'en voudrais d'oublier un autre produit non moins recherché, panacée qui guérit tous les maux : la moelle d'autruche. Toutes ces drogues entrent dans l'estimation pour 10 000 francs. Et nous voilà au bout de notre million de marchandises! Vous voyez les bénéfices que ferait un chemin de fer avec cela !

A vrai dire, dans cette estimation, nous avons négligé le commerce de consommation locale. Certes, le souk offre le spectacle le plus pittoresque. Les vendeurs sont accroupis près de leurs marchandises : un sac d'orge ou de dattes, des tas de bois coupé dans l'Erg, un panier de légumes, des oignons et des épinards, des pommes de terre de Tripoli (10 sous le kilogramme), une outre d'huile d'olive ou de beurre fondu (*smen*), du sucre venant d'Anvers et de Marseille (1 fr. 50 le pain de 1 kilog. 1/4), des paquets de bougies de Marseille (1 fr. 20 le paquet), des allumettes anglaises ou suédoises (un sou la boîte), un peu de tabac d'Algérie,

PRÈS DE LA SOURCE EST INSTALLÉ UN FORGERON TOUATI.

CL. LECOCQ.

quelques objets en sparterie. Dans un coin, un étalage somptueux : cotonnades, tentures et vêtements du Soudan, un vieux fusil et deux poignards à applications d'argent, des sandales touareg et des pantoufles brodées. A côté, un homme du Souf offre une gazelle (3 fr.) qu'il a tuée dans l'Erg et qui sent les effets d'un voyage prolongé au soleil. Au milieu de la foule bigarrée, qui comprend plus de badauds que d'acheteurs, un *dellal* ou crieur public (c'était ordinairement un vieux nègre) promène des hardes innomables ou bien des armes touareg, en proclamant le dernier prix. Je me laisse tenter et je deviens acquéreur pour 4, 6 et 7 francs, respectivement, des deux lances et de l'épée représentées sur la planche. Après beaucoup d'hésitations, Béchir, le jeune négociant de Medenine, finit par vendre ses 180 kilogrammes de sucre à raison de 0 fr. 90 le kilogramme ; il l'avait acheté 45 centimes. On lui proposait de le lui échanger à poids égal contre du natron, mais il ne savait s'il vendrait bien ce produit en Tunisie. Il n'avait pas tout à fait tort de se défier. J'ai constaté qu'une bonne part de la substance vendue comme natron n'était pas du carbonate de soude. La fraude ne perd jamais ses droits.

Quels peuvent être les résultats économiques d'un tel marché? Mircher évalue les opérations à 200 ou 300 francs par marché; je réduirais volontiers au quart. Duveyrier a entendu dire, en 1860, qu'on vendait jusqu'à 300 moutons à un même marché. Les hommes du capitaine Boué ont vendu 27 francs un mouton qu'ils avaient acheté 6 francs dans le Sud tunisien; cela prouve qu'on n'en voit pas souvent sur le marché. Il est bon d'ajouter que c'était à la veille de la fête du mouton! Notre présence a fait doubler les opérations, pour le moins. Nos tirailleurs et nos goumiers ont laissé à Ghadames une partie de leur solde. Si les Ghadamsiens sont susceptibles de reconnaissance, ils compteront désormais les temps à partir de l'année de la Mission, qui marquera comme une période d'exceptionnelle prospérité!

Les Ghadamsiens ont un système ou plutôt des systèmes de mesure et de numération d'une complication effroyable. Les unités varient avec les marchandises et avec le pays d'origine. Pour le commerce du Soudan, l'unité monétaire est toujours le *bou tira*, autrement dit le thaler de Marie-Thérèse au millésime de 1780, qui vaut actuellement 3 fr. 30, à Ghadames. Avec Tripoli, les affaires se traitent en argent turc, tandis qu'avec l'Algérie et la Tunisie, elles se comptent en argent français ou tunisien. Comme l'or et même la pièce de cinq francs font prime à Ghadames, nous nous sommes cassé la tête à saisir ce change extraordinaire; pour mon compte, j'y ai bien vite renoncé, car les prix des denrées étaient établis de façon telle que le change devenait illusoire. A notre égard, l'unité monétaire était le *cinquo*, dont vous saisissez certainement la valeur sans connaitre l'arabe, ni le ghadamsi. Nous ne pouvons en vouloir à ces pauvres hères d'avoir cherché à gratter quelques sous ou même quelques francs sur nos modestes achats, mais cette question du change devrait être prise en considération par ceux qui voudraient trafiquer avec les négociants de cette lointaine oasis.

Si le commerce de Ghadames est médiocre, l'industrie est encore plus restreinte. Elle ne compte guère qu'un article : les pantoufles en filali brodé de soie, qui sont réellement originales. Le cuir vient du Soudan; la soie, d'Europe. La broderie est l'œuvre des femmes, mais les chaussures sont montées par des hommes. Accroupis dans leurs étroites boutiques ou assis sur les banquettes de la grande rue, ils tapent indéfiniment leur cuir avec un minuscule pilon de cuivre et le taillent grossièrement avec un mauvais tranchet; la semelle est faite d'un morceau de peau de chameau dont le poil est à l'extérieur. Près de la source est installé un forgeron : c'est un nègre du Touat qui est assez adroit; il fabrique, entre autres, des poignards touareg; il a quatre confrères, parait-il, tous du Touat. Par contre, les deux bijoutiers sont Ghadamsiens. Dans les jardins sont installés quelques potiers (*guellala*), des Attara, qui fabriquent les grandes jarres pour l'eau et les dattes; chose curieuse, ils confectionnent encore des lampes er terre à trois becs, rappelant beaucoup les lampes puniques. Les arts de la construction s'enorgueillissent de quatre maçons et deux menuisiers assez adroits. Quant au commerce de l'alimentation, il est représenté par trois épiciers, deux boulangers et une demi-douzaine de bouchers, qui débitent, en lanières ou en tranches minuscules, du chameau, de la gazelle, de la chèvre, voire du mouton, suivant l'état des approvisionnements. Malgré cela, si vous allez à Ghadames, faites vos provisions avant de partir, car vous n'aurez pas, comme moi, l'avantage d'être l'hôte du commandant Donau et des aimables officiers de la Mission de délimitation.

** **

On ne peut quitter Ghadames sans dire quelques mots des Touareg. Tous ceux que nous avons vus sont des Ifoghas[1]. Ce sont de pauvres hères qui réalisent le miracle de ne pas mourir de faim. Il est vrai qu'en cas de disette ils ne se gênent pas pour prendre ce dont ils ont besoin : ce sont les véritables maitres de Ghadames et tout le monde se range sur leur passage. Pour obtenir leurs confidences, le lieutenant Bouvet employa un argument

1. J'écris *Ifoghas* avec un *s*, parce que, d'après Daveyrier, le singulier est *Faghis* et non *Faghi*.

décisif : il leur fit servir un solide repas. En bon arabisant, il connaissait le proverbe : « *Ida ma takoulch, ouekkel* », c'est-à-dire « *Si tu ne manges pas, fais manger* ». La tactique lui réussit. Après la quatrième gamelle de soupe, les langues commencèrent à se délier et nos Ifoghas racontèrent leurs petites histoires. La constatation la plus importante à retenir est que cette tribu ne compte plus qu'une cinquantaine d'hommes. Ils n'ont presque aucune industrie, en dehors de la préparation des peaux, où ils montrent une grande adresse. Un exemple véritablement étonnant est fourni par les curieuses boîtes en peau de chameau dont je figure quelques spécimens, les uns ouverts, les autres fermés. Ces boîtes sont en cuir embouti, d'une seule pièce ; la cloison intérieure (qui divise le col) a été découpée dans l'épaisseur du cuir, dédoublé localement. Les sacs, les coussins sont décorés de dessins en couleur, d'une réelle originalité ; le grand sac figuré comporte quatre teintes (rouge, jaune, vert, noir) que rehaussent des ornements gravés au couteau. Naturellement, les Touareg savent aussi fabriquer leurs armes et les objets d'usage journalier, mais leurs métiers ordinaires étaient ceux de pillards et de caravaniers ; les quelques chameaux touareg que j'ai vus étaient d'ailleurs dans un état lamentable : efflanqués et galeux, ils ne semblaient pas devoir être de grand service.

(197)

Ces Touareg campent à la porte de Ghadames, où ils sont presque à demeure; aussi quelques-uns ont-ils élevé des masures en pierres sèches, dont le toit est fourni par les grandes herbes de l'Erg. Ces gourbis, de dimension exiguë, sont précédés d'une cour entourée par une murette, où couchent les chèvres et les chameaux. Le vrai type d'habitation, c'est la tente en peau de chameau ou de buffle, montée sur une carcasse en bois et rappelant une nef renversée. Les uns et les autres doivent manquer totalement de confortable, d'autant que leur faible hauteur ne permet pas de s'y tenir debout (environ 3 m. sur 2, et 1 m. 50 de haut), aussi les femmes demeuraient-elles souvent dans la cour, pendant que les hommes flânaient sur le souk. La porte basse est fermée par une peau ou par de vieilles couvertures. Quelques nattes et vieux tapis, des vases en bois et en fer, des corbeilles de sparterie, des sacs en peau et des outils forment tout le mobilier.

Les Touareg sont de rudes guerriers, en dehors des marabouts, qui sont nombreux parmi les Ifoghas. Vraiment ce sont de beaux hommes : de haute taille, élancés, le corps souple et nerveux, ils marchent à grands pas, d'une allure saccadée, en faisant claquer sur le sol leurs sandales de peau de buffle ou de chameau dont l'épaisse semelle est retenue par une courroie passant entre les orteils, tandis qu'une autre contourne le cou-de-pied; les aspérités de la hamadat ne permettent pas au targui de marcher nu-pieds, comme le fait souvent l'Arabe. Un pantalon de cotonnade blanche, plus rarement bleue, tombe droit le long de la jambe; d'autres fois, il affecte la forme zouave, il est serré à la cheville. Il disparaît, en partie, sous une longue chemise ou blouse à manches, qui fut blanche autrefois; d'autres ont une blouse bleue. Les gens distingués y ajoutent une de ces blouses soudanaises à dessins variés, parfois serrée à la taille par une ceinture; en outre, beaucoup de Touareg de la région de Ghadames portent le haouli, souvent froncé, comme celui des citadins élégants. La pièce caractéristique de l'habillement est le voile (*lilham* ou *tinguelmoust*), qui leur a valu le nom de *molethmin*, les « gens voilés ». Ce voile est une pièce de cotonnade bleue, très chargée d'indigo, qui déteint effroyablement sur la peau, d'où l'appellation d' « hommes bleus » ou d' « hommes noirs », appliquée aux Touareg. Seuls, les gens de basse condition ou les pauvres ont le voile blanc. C'est une longue bande d'étoffe qui repose sur la chechia, entoure la tête et le front, descend sur le cou et revient sur la face, de façon à cacher la bouche, parfois même le nez. Par l'étroite fente apparaissent seulement un liséré de peau tannée et deux beaux yeux noirs ou bruns, accidentellement bleus. Quelques Touareg ont la face un peu plus découverte et il est aisé de reconnaître qu'ils sont de race blanche, bien que l'influence du sang nègre soit fréquemment apparente[1]. Jamais les Touareg ne retirent leur voile; ce serait de la plus haute inconvenance. Les hommes ne portent pas de bijoux, mais chez tous le bras droit est armé d'un anneau de pierre, placé à demeure au-dessus du biceps. Au cou est pendu un chapelet ou plus souvent un petit sac en cuir, contenant un talisman : quelque verset du Coran écrit sur un bout de peau par un marabout (coût : un mouton). Les chameaux portent généralement une amulette analogue (*glada*), suspendue à leur cou, pour les préserver de tout accident.

L'armement classique du Touareg consiste dans la lance, l'épée et le poignard. La lance peut être tout en fer (*allagh*), ou bien les deux extrémités seules sont en métal, la hampe étant en bois (*taghda*); la base se termine toujours en spatule, de façon à pouvoir être fichée en terre. La pointe affecte la forme d'une feuille de laurier allongée; parfois sa partie postérieure s'incurve en crochet, en harpon. Des deux spécimens figurés ci-contre, l'un a les extrémités en fer, l'autre, en cuivre; le bois est recouvert d'applications en cuivre repoussé. L'épée à deux tranchants (*takouba*), à lame plate, creusée

1. Peut-être s'agissait-il de serfs ; cependant, Duveyrier déclare que les Ifoghas n'ont pas de serfs (*imrad*).

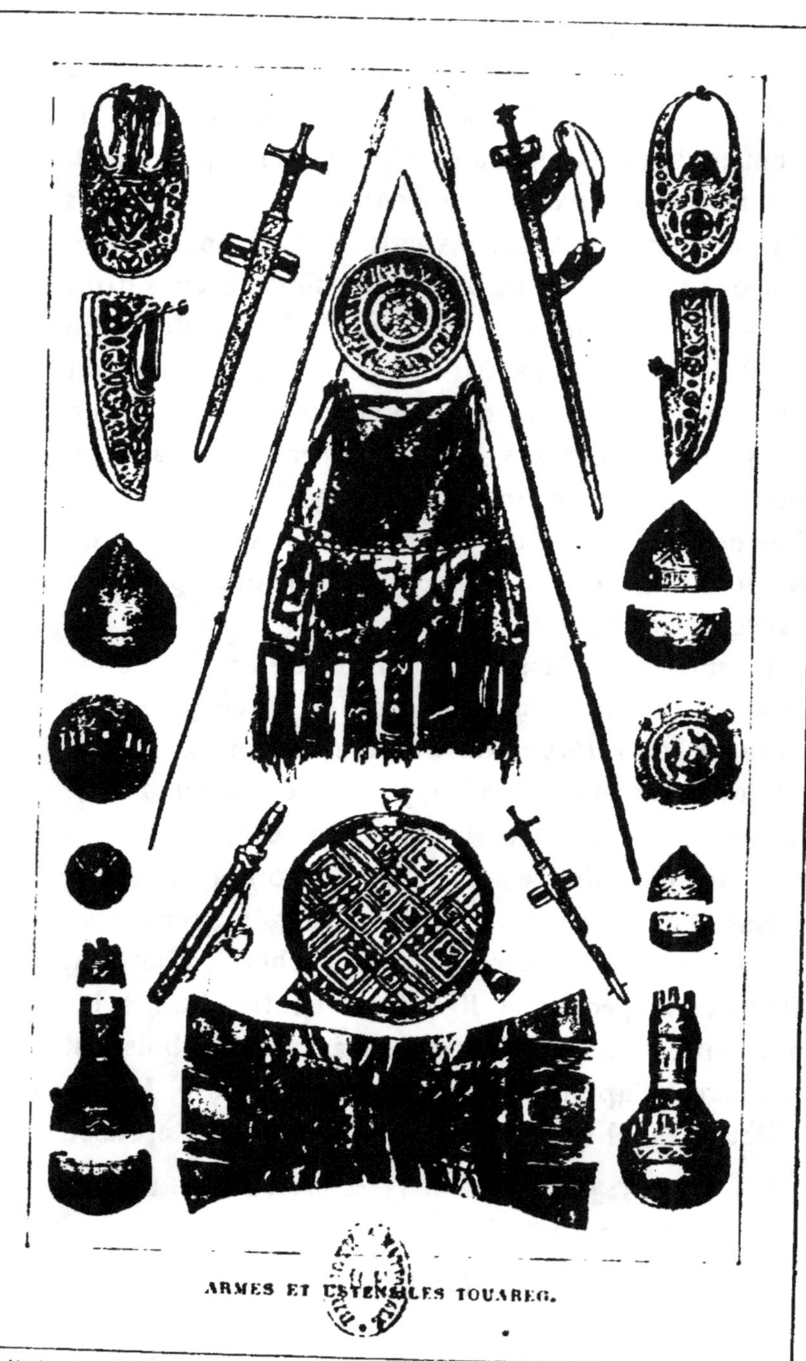

ARMES ET USTENSILES TOUAREG.

d'une rainure, possède une poignée en forme de croix, qui a fait penser que les Touareg avaient été chrétiens. Le poignard (*tilak*) est constamment porté au bras gauche, grâce à un bracelet qui fait corps avec le fourreau et dans lequel on passe le poignet; l'étroitesse de ce bracelet, comme de la poignée du poignard et de l'épée, atteste la finesse de la main des Touareg. L'arc est d'usage moins courant; le carquois est un gros roseau recouvert de peau; il contient une dizaine de flèches non empennées, terminées par des pointes très variées, appropriées au but à atteindre. Cet arc, dont la corde est un boyau, a une portée étonnante. L'armement se complète parfois par un vieux fusil à pierre, la *moukhala* des Arabes. Comme arme défensive, un énorme bouclier en peau d'antilope mohor ou de buffle (*aghar*), qui couvre une grande partie du corps et le protège suffisamment des coups de lance et d'épée.

Les Touareg ne se lavent jamais, aussi exhalent-ils des senteurs de sueur concentrée qui permettent de les suivre sans être chien. Ils prétendent que c'est très mauvais de se laver; sans doute, la crasse et l'indigo de leurs vêtements obturent les pores de la peau et diminuent l'évaporation; toutes les plantes du désert ferment leurs stomates dans le même but.

Les femmes targuia offrent, elles aussi, de beaux

types, rappelant des types européens : visage ovale, nez droit et fin, lèvres minces, teint mat, un peu ambré ou olivâtre, mais on ne peut se dissimuler que plusieurs d'entre elles ont des caractères non équivoques de la race nègre, se traduisant surtout par l'épaississement du nez et des lèvres. Elles portent une longue chemise recouverte d'une blouse de cotonnade blanche, qui tombe jusqu'au-dessous du genou, laissant passer parfois un pantalon de toile blanche. Pour sortir, elles ajoutent une longue pièce de cotonnade ou de laine, sorte de haouli de couleur blanche, rouge, bleue ou rayée de diverses couleurs, dans laquelle elles se drapent avec une réelle élégance. Les cheveux sont distribués en bandeaux ou en larges tresses, et la tête est recouverte d'une sorte de mantille de couleur variable (parfois noire), qui complète heureusement l'ensemble. Les bijoux sont beaucoup moins abondants et plus sobres que ceux des Atria : un bracelet d'argent, un collier de verroterie et des boucles d'oreilles en argent en sont les principaux éléments. Pour se rendre plus belles (?), il leur arrive de se badigeonner les mains, même la figure, avec de l'ocre, ou tout au moins de se peindre quelques dessins jaunes.

Les dames Ifoghas sont renommées dans tout le Sahara pour leurs bonnes manières; mieux que quiconque elles manient la *rebaza*, sorte de violon à deux cordes, appelé ici *amzad*, avec lequel elles accompagnent leurs chansons improvisées. Non seulement elles chantent, mais elles dansent, contrairement à ce qu'ont affirmé tous les voyageurs. Tous les soirs, à la tombée du jour, les jeunes filles targuia se réunissaient sur le plateau des idoles pour danser. Les commissaires ottomans s'étaient offert une représentation spéciale et nous avaient vivement engagés à nous faire donner ce spectacle. C'était chose convenue, nous avions proposé des sommes folles : vingt sous par tête (à ce tarif, avait répondu notre vieux gendarme turc, Mokhtar, toute la tribu viendra), mais la séance n'eut pas lieu; nous avons toujours soupçonné le kaïmakam de s'y être opposé.

Je ne reviendrai pas sur ce qu'ont dit les voyageurs sur les Touareg, leur organisation, le mode de succession, la situation de la femme. On sait quel tableau enthousiaste Duveyrier a tracé de cette société, des sentiments chevaleresques de ses membres, du respect des hommes pour les femmes, qui jouissent de la liberté la plus entière. Divers événements ont prouvé qu'il fallait en rabattre. A ce dernier point de vue, quelques petits faits nous ont montré que les femmes n'avaient point la liberté d'allures qu'on leur prêtait, et que l'autorité de l'homme s'exerçait durement. Les premiers jours, quelques femmes targuia parurent au camp; ensuite, on n'en revit jamais. Le commandant Donau avait conversé plusieurs fois devant une tente avec une femme qui répondait volontiers aux questions qu'on lui posait; par la suite, la tente demeura toujours fermée.

C'est seulement à cheval que j'ai pu approcher quelques représentants du beau sexe, d'assez près pour les photographier; je doute que ce fût la crainte qui les fit s'éclipser. De même, ce n'est vraisemblablement pas spontanément que ces beautés du désert ont renoncé aux vingt sous que nous proposions par danseuse.

Quant à l'honnêteté des Touareg, les récits des commerçants en disent long! C'est à 6 000 que ces derniers estiment le nombre de charges qui leur ont été volées par ceux-là, en quelques années. Quand les Touareg trouvent une charge abandonnée dans le désert, ils la respectent s'ils ne peuvent en tirer parti; quand ils la rapportent à son propriétaire, c'est pour percevoir sur celui-ci un impôt forcé. Les Ghadamsiens craignent les Touareg, qui les rançonnent depuis des siècles, mais ils ne les aiment guère. Comme le métier de pillard devient plus difficile depuis notre occupation du Sahara, les Touareg trouveront un emploi à leur activité en devenant nos auxiliaires; ils feront de bons gendarmes, suivant le principe que les meilleurs douaniers sont d'anciens contrebandiers, et

les meilleurs gardes-chasses d'anciens braconniers ;
assurés de leur subsistance, ces guerriers inlas-
sables nous aideront à faire régner au Sahara la
paix française.

CHAPITRE VI

DE GHADAMES AU NEFZAOUA

Départ de Ghadames. — Tounine et Sidi Maabed. — Bir Général
Pistor. — Khechem el Haouya. — Tiaret. — Djeneïen. — El
Haguef. — Le Nefzaoua : Douz, Djemna, Kebilli. — Les nouveaux puits artésiens. — L'autrucherie tunisienne. — Conclusion.

A trois kilomètres à l'ouest de Ghadames, au
bord de la Sebkhat el Melah, large dépression
dont le fond est tapissé de gypse et de sel, s'élève
la bourgade de Tounine; c'est une réduction de
Ghadames où l'on compte seulement une centaine
d'habitants. La petite oasis qui lui est contiguë
renferme environ 400 palmiers et quelques arbres
fruitiers, dont un olivier qui est venu tout seul; il
ne produit presque rien. Trois puits à bascule du
type *chadouf* permettent d'arroser l'oasis, qui est
abondamment fournie en légumes et qui contribue à
alimenter Ghadames. Ces puits mériteraient plutôt le
nom de puisards; ils reçoivent l'eau des collines voisines par une *foggara*, c'est-à-dire une galerie
souterraine, munie çà et là de regards, et ayant
plus d'un kilomètre de longueur. Quelques maigres
bouquets de palmiers apparaissent au bord de la

sebkhat. Au fond, se dresse le Ghourd Menfrouda (d'autres l'appellent Messaouda), imposante pyramide sableuse qui s'élève d'une centaine de mètres au-dessus de la sebkhat et qui mérite son nom d' « isolée »; la forme indique que le sable constitue seulement un manteau sur une ossature de pierre.

A 300 mètres à l'est de Tounine se voit la célèbre zaouïa de Sidi Maabed, qui était autrefois réputée appartenir à la Tunisie, parce que le marabout qui lui a donné son nom était originaire du Djerid. A côté du tombeau a été élevé, il y a un demi-siècle, un ensemble de constructions abritant une des plus anciennes zaouïas des Senoussia. C'est à Sidi Maabed que reçurent asile plusieurs de nos compatriotes, entre autres Foureau et Cazemajou, qui durent battre en retraite sans avoir pu entrer à Ghadames. Aujourd'hui, ces bâtiments sont abandonnés, depuis qu'une nouvelle zaouïa a été construite à Ghadames.

Au sud de cette ville s'étend, indéfinie, la Hamadat el Hamra, dont les calcaires deviennent franchement rouges en certains endroits. Partout des dalles disloquées, d'énormes éclats de silex bruns, des débris de quartzites noirâtres. Çà et là, quelques petites buttes, telles que la Garat el Hamel, qui supporte la 233ᵉ et dernière borne frontière. Du haut de cet observatoire, qui domine le plateau d'une quarantaine de mètres, la vue se perd sur la Hamadat, noire et désolée, et sur le grand Erg, qui se dresse dans l'ouest. A la jumelle, on voit manifestement que les dunes reposent sur un plateau calcaire au bord duquel est creusé le puits d'Haci Imoulaï, le puits des chameaux de bât, visité plusieurs fois par Foureau. La piste du Touat passe là, ainsi qu'une des pistes de Ghat. Au pied de la Garat el Hamel s'allonge la vallée de l'oued Marixen, au delà duquel reprend la Hamadat sans fin. C'est ici que furent assassinés, presque à leur sortie de Ghadames, les trois Pères Blancs envoyés par le cardinal Lavigerie évangéliser les tribus du Sahara. Ce fut notre dernière étape vers le Sud.

.·.

Après sept jours bien employés, il fallut quitter Ghadames et remonter au nord. Le départ s'effectua par un coup de sirocco terrible qui se chargea d'abattre nombre de tentes. Déjà, la veille au soir, nous avions eu un fort coup de vent, accompagné de grosses gouttes de pluie; le vent venait successivement de tous les points de l'horizon et ne se fixait nulle part.

Beau temps pour s'en aller dans l'Erg! C'est pourtant ce que je fis. Laissant le convoi remonter directement au nord, j'allai voir la vieille ruine berbère de Tekout. Sur un tronc de cône, complètement détaché du plateau et couvert par une puissante strate dolomitique, subsistent les débris d'une vieille forteresse, qui porte un nom à faire frémir : Ksar el Ghoul, le « château de l'ogre ». On accède péniblement à une plate-forme qui ne mesure guère plus d'une trentaine de mètres et où s'entassaient d'étroites habitations dont les murs subsistent encore ; par contre, il ne reste aucune trace de voûte, ce qui laisse à penser que le toit était en chaume. Ce devait être une forteresse imprenable ; les tombes qu'on remarque au pied de la butte sont celles de Touareg qui avaient vainement attaqué le ksar.

Les quelques palmiers de Tekout ont l'air perdu au milieu d'une large vallée, toute blanche de sel qui scintille au soleil. Là encore, la rivière a été barrée par les dunes de l'Erg ; il n'est pas difficile d'en reconnaître le cours dans le Houdh el Abiodh, le « bassin blanc », qu'isole une ligne de dunes. Jamais je n'avais vu de si beaux exemples de ces cristallisations qu'on désigne souvent sous le nom de *roses du Souf* ou de *roses des sables*. A vrai dire, ces cristaux de gypse englobant du sable ressemblent plus à des bégonias qu'à des roses, mais peu importe ; les formes en sont très variées. Un groupe de cristaux mesurait plus d'un mètre.

Par ce sirocco effrayant, la marche dans ces dunes n'avait rien d'attrayant. On mangeait du sable à l'envi et, sans lunettes, il eût été impossible de tenir les yeux ouverts. Le ciel était complètement obscurci par le sable en l'air, simulant une sorte de brouillard sec. Évidemment, il faut reléguer dans la légende l'histoire des caravanes englouties dans le sable, mais, par un coup de vent semblable, on comprend très bien qu'une caravane ne réussisse pas à conserver sa direction, ce qui peut la faire mourir de soif. Nous n'eûmes pas un sort si tragique, mais ce n'est pas sans quelque peine que nous atteignîmes cette curieuse colline noire, entourée de dunes, qu'on aperçoit de Ghadames. Un étroit couloir la contourne entièrement et l'isole d'un cercle de dunes pouvant mesurer une trentaine de mètres d'altitude relative. Les tourbillons qui règnent autour de cette colline sont, sans doute, les créateurs de ce couloir. Si la *garat* domine les dunes avoisinantes, elle est de beaucoup dépassée par les masses de sable qui forment un fond grandiose au nord-ouest; de ce côté, les dunes n'ont pas loin de 100 mètres de hauteur. Le sommet de la colline, est couronné par une puissante dalle noire, qui forme abrupt de toutes parts. Enfin, nous avons réussi à grimper par une cheminée et à atteindre le plateau, où se voit un de ces vieux tombeaux, comme nous en avons trouvé beaucoup. La dalle supérieure est polie par le sable, comme vernie; ailleurs, les flancs sont guillochés ou creusés d'innombrables alvéoles. Tout cela est le travail du vent.

Le couloir isolant la colline est jonché de débris d'œufs d'autruche qui semblent tout récents. Après un déjeuner au sable, nous sortons des dunes que nous suivons jusqu'au soir. Tout à coup, un méhariste saute de sa bête et me rapporte une superbe pointe de flèche. Tout le long de l'Erg, on rencontre des silex taillés d'un travail très remarquable, surtout des pointes de flèches; ailleurs, le sol est jonché d'éclats allongés indiquant un atelier de taille. Il est évident que ce pays était très peuplé à une certaine époque, lorsqu'un climat humide entretenait le cours de ces oueds qui allaient se déverser dans le grand Oued Igharghar. Puis, la sécheresse est venue, les oueds ont cessé de couler, les dunes ont barré leur thalweg, donnant lieu à des lacs temporaires, qui ont eux-mêmes disparu. Alors, la population a émigré vers des cieux plus cléments. A quelle date cela s'est-il passé? Quelle était cette population? Est-ce elle qui a élevé les *tumuli* dont nous avons vu de nombreux spécimens? Toutes ces questions sont encore sans solution. De ce que les pointes de flèches rappellent celles qu'on trouve en France et qui remontent à l'époque de la pierre polie, il ne s'ensuit pas que ces instruments africains soient du même âge que les nôtres; ils peuvent être beaucoup plus récents;

nous savons que certains dolmens de la Tunisie centrale sont contemporains de l'occupation romaine. L'âge du bronze et l'âge du fer sont fort mal représentés dans ces régions ; certains auteurs ont même nié leur existence.

Bir Général Pistor marqua la première étape vers le nord. C'est un puits creusé par la Mission au bord de la sebkhat de Mzezzem ; l'endroit est bien choisi pour avoir de l'eau et, en fait, le débit est abondant, mais quelle eau ! Plus de 10 grammes de plâtre, de sulfate de magnésie et de sel commun pour chaque litre ! Vous jugez de l'effet produit ! A côté de cela, l'eau de Ghadames (3 grammes par litre) nous paraissait tout à fait douce ; nous la buvions comme du petit lait. En France, le Conseil d'hygiène déclare qu'une eau renfermant un demi-gramme de matières salines par litre est impropre à l'alimentation. Que dirait-il s'il étudiait les puits de la piste de Ghadames ? Le puits de Pistor peut être fort utile, d'autant que les environs offrent de bons pâturages à chameaux ; dans ces pays, le principal est d'avoir de l'eau ; tant mieux si elle n'est pas trop mauvaise.

Vous n'ignorez pas que lorsqu'on a fait un puits, il est nécessaire d'égorger une chèvre dont le sang doit couler dans le puits, sans quoi celui-ci pourrait tarir (bien entendu, les puisatiers mangent la chèvre). La cérémonie n'a pas été oubliée, mais nous avons préféré baptiser le puits au champagne. Pendant que les épigraphistes de la Mission gravaient une inscription bilingue, destinée à commémorer l'origine du puits, je travaillais sous ma tente, lorsque mon attention fut attirée par un spectacle singulier: deux hommes étaient assis par terre; l'un était à moitié nu, tandis que l'autre avait l'air de lui graver quelque chose dans le dos. Pas du tout : c'était un ventouseur. Sur le dos du patient, l'artiste appliquait de petits godets en fer-blanc, dans lesquels il plaçait un papier enflammé; puis il donnait deux coups de couteau dans la peau tuméfiée. Voilà comment on pose des ventouses scarifiées à Bir Pistor !

Je profite des deux jours d'arrêt à Bir Pistor pour aller faire quelques trous dans la sebkhat de Mzezzem. S'il y a des nitrates quelque part, c'est encore là qu'on a le plus de chance de les rencontrer. Nous en fûmes pour notre peine, car nous ne découvrîmes que du gypse et du sel, produits qui ne sont pas rares dans la région.

Pendant qu'on creuse rapidement quelques puits, je m'amuse à regarder le mirage, phénomène habituel sur ces fonds de lacs salés et dont j'avais vu bien des exemples, mais il y a toujours des aspects nouveaux. La borne que nous avons plantée dans la sebkhat prend l'aspect d'une tour, puis voilà des chameaux gigantesques, invraisemblables, qui s'avancent vers nous (le convoi de ravitaillement que nous attendions). Comme ces animaux se déplacent (et que l'air est légèrement agité par un échauffement inégal), leur image change sans cesse de forme; parfois on voit le chameau renversé, mais d'autres fois on remarque seulement un allongement des pattes qui prennent la forme de colonnes torses. A l'aller, nous avions eu également de curieux exemples de mirage sur cette sebkhat. Bouvet me fit observer alors une particularité que je n'ai pas vue signalée dans les traités. L'air étant très calme, on voyait très bien que l'allongement des objets résultait de l'adjonction, en dessous de l'objet, de son image renversée. Avec un buisson ou une grosse pierre, il est presque impossible de distinguer la limite de l'objet et de son image. Cet effet de mirage se produit seulement si on est à un niveau quelque peu inférieur à l'objet; c'est là l'observation originale. Il suffit de s'élever légèrement (parfois un mètre ou deux) pour voir apparaître une ligne blanche séparant l'objet de l'image. Cette ligne blanche (due à la réflexion du ciel) s'élargit si on s'élève encore un peu; on a l'illusion de la nappe d'eau qui a été souvent mentionnée et qui est si frappante lorsqu'on traverse les chotts. Puis l'image disparaît complètement si on continne à s'élever; l'objet semble alors réduit de moitié. Nous avons répété l'expérience à diverses reprises.

(215)

Les deux jours suivants furent consacrés à la traversée des deux bandes de dunes, dont je n'avais coupé qu'une seule à l'aller, ayant contourné la plus méridionale. Au delà, on retrouve la hamadat et ses champs de cailloux. Je les ai évités en longeant le bord de l'Erg sur une grande partie du parcours.

Le manque d'eau faillit se faire sentir de façon fâcheuse à Bir Alapetite, qui était toujours à sec et ne fut terminé que les jours suivants. Les chevaux trouvaient qu'une dizaine de litres d'eau par vingt-quatre heures ce n'était pas beaucoup; ils marquaient leur mécontentement par une agitation et des hennissements sans fin qui ne permettaient guère de dormir. A peine étions-nous arrivés au puits qu'apparut un groupe de gendarmes turcs qui rentraient à Sinaoun; ils n'attendaient que notre départ pour quitter Ghadames et ils n'avaient pas compté sur notre séjour à Bir Pistor. Le commandant Donau leur fait un discours bien senti pour leur expliquer que désormais ils ne devront plus passer par là, maintenant que la frontière est tracée; ils devront rester en Tripolitaine. L'un d'eux explique que l'autre piste n'a pas d'eau, mais beaucoup de pierres. « Dis au gouverneur de faire creuser des puits », ajoute le commandant. « Dis-lui toi-même, riposte le gendarme, moi je suis un pauvre petit zaptié, il ne m'écoutera pas, et puis ça lui est égal. » En voilà un qui n'apprécie évidemment

BORDJ DJENEIEN. ARRIVÉE DE LA MISSION.

LE VENTOUSEUR AU DÉSERT.

pas la délimitation; il est bien probable qu'il con-
tinuera à passer par le Siah et Touil, quand il sera
envoyé à Ghadames.

Cette question de puits soulève une autre difficulté qui est liée à la délimitation pendante entre
l'Algérie et la Tunisie. Les Algériens réclament
tout l'Erg comme dépendant de leur domaine et ne
veulent laisser à la Tunisie que la bande de hamadat, en bordure de l'Erg, que nous avons obtenue
jusqu'à Ghadames. D'autre part, si les Chaannba
ont accès aux puits de la route tunisienne de Ghadames, les Touareg, leurs ennemis séculaires, ne
voudront pas s'y engager; ce serait un obstacle au
rétablissement des caravanes entre cette oasis et
le Sud tunisien. A divers points de vue, la délimitation entre l'Algérie et la Tunisie est donc utile, bien
qu'elle semble n'avoir guère d'intérêt au point de
vue général. Si on coupe l'Erg en deux, la frontière
sera tout à fait conventionnelle, car il n'existe aucune limite naturelle. Le bord de l'Erg répondrait,
en principe, à cette dernière condition; cependant
la séparation ne serait pas si nette, en pratique, à
cause des nombreuses avancées de l'Erg sur la Hamadat. En somme, c'est une question à régler
d'après les convenances locales.

Une des dernières incursions des Chaannba dans
le Sud tunisien est celle qui aboutit au meurtre de
l'infortuné Morès. Quelques mois après, ils organi-

sèrent une grande ghazzia contre le Fezzan; en cours de route, ils modifièrent leurs projets et résolurent de se rabattre sur le Nefzaoua. Le chef de poste de Kebilli, le lieutenant Le Bœuf, en fut averti à temps pour rassembler un goum considérable de méharistes (près de 900 chameaux). Le ghezzou n'attendit pas la rencontre et se porta vers Sinaoun qu'il essaya d'enlever d'assaut. Après un vif combat, les Chaannba furent repoussés, laissant plusieurs des leurs sur le terrain; d'autres furent blessés grièvement et moururent en route. On m'a montré la tombe de deux d'entre eux près de Tiaret.

Tiaret est une petite oasis d'un type différent de celles que nous avions déjà vues. Entre deux grandes dunes, dont l'une mesure une centaine de mètres de hauteur, s'aligne, du nord au sud, une vallée sableuse, large de quatre cents mètres environ, une rivière de sable, un *oued er rmel*, comme disent les Arabes. En réalité, c'est le lit même de l'Oued Cherchouf, qui a été en grande partie obstrué par les dunes; là, comme partout ailleurs, le sable s'est accumulé dans les dépressions et s'est accroché aux buttes bordant la vallée. L'eau subsiste à la base des sables; un puits de deux mètres, possédant un coffrage de bois, permet d'atteindre le niveau aquifère. L'eau est un peu salée et légèrement amère. Deux petits groupes de palmiers, com-

prenant vingt-cinq arbres adultes et une douzaine
de petits, forment toute l'oasis. C'est maigre! Encore beaucoup de ces palmiers sont-ils brûlés. Ils ne
paraissent pas avoir de propriétaires; les dattes sont
cueillies par ceux qui se trouvent là au moment de
leur maturité, généralement des gens de Sinaoun,
qui amènent leurs bêtes aux somptueux pâturages
de Tiaret — tout est relatif! Les dunes ont une
forme arrondie, avec des pentes douces; mais elles
sont parsemées de petites crètes en croissant, à
versants dissymétriques, de deux à trois mètres de
hauteur. En ce moment, toutes les pentes fortes des
siouf regardent l'est ou le nord-est; c'est donc de
ce côté que se dirige le sable; mais la chose peut
changer d'une saison à l'autre.

A Khechem el Haouya, « la pointe ou le nez du
bât de chameau », nous constatons également
l'empiètement de l'Erg sur le plateau crétacé.
J'étais curieux de voir cette localité, parce que
j'avais trouvé, près de Dehibat, un bloc de pierre
noire, qui est une lave superbe; évidemment, c'est
un pilon primitif perdu par une caravane, mais il
était intéressant d'en trouver l'origine. On sait
qu'en Tripolitaine, la hamadat est parsemée de
volcans éteints. La Tunisie avait-elle son petit vol-
can? Ce fut l'un des problèmes du voyage. Mes
méharistes, auxquels j'avais montré la pierre,
avaient répondu qu'il y avait beaucoup de pierres

semblables à Khechem el Haouya, autour d'une colline conique de couleur foncée. Je ne pouvais m'abstenir d'aller y faire un tour. Malheureusement, les pierres noires sont les unes des silex, les autres des blocs de calcaire, calcinés et noircis par le feu; quant à la colline conique, elle n'a rien d'un cratère volcanique; c'est une de ces *gour*, découpées par l'érosion dans le plateau, auxquelles d'énormes bandes de silex, bruns ou noirâtres, des dolomies rousses et des quartzites presque noirs impriment une teinte générale foncée.

Par contre, Khechem el Haouya m'a montré le plus bel atelier de taille de silex que j'aie jamais vu. Il se trouve au milieu de la plaine; les tailleurs de pierre devaient utiliser les blocs épars sur le sol. Quant au puits, c'est un des plus mauvais que je connaisse; les chevaux ont refusé l'eau et les chameaux y ont à peine trempé les lèvres. Avec une sûreté d'orientation vraiment admirable, Khalifat nous a conduits vers ce puits que rien ne désigne à l'attention et où mon guide prétendait n'être pas revenu depuis qu'il accompagnait Morès; et encore venait-il alors en sens opposé. Vraiment, ces nomades sont étonnants! Je me suis amusé plusieurs fois à leur faire désigner de la main la direction d'un point éloigné et invisible, mais connu d'eux : l'erreur n'a jamais dépassé 10 degrés.

Mon attention avait été également appelée sur

une autre colline dont le nom paraissait indiquer la présence de l'argent (*fedda*); malheureusement, il n'y a pas trace de minéralisation. Au surplus, le nom véritable est Guelb el Fehedda « le cœur du guépard femelle ». Adieu le plomb argentifère! Après la mine de dentifrice, voilà la mine de guépard!

Bir Montecer était encore un point qui préoccupait beaucoup de gens; on en parlait avec enthousiasme, presque avec respect. Avec Zar, c'était le grand centre présumé des nitrates. Hélas! pas plus qu'à Zar, je n'ai vu le moindre nitrate. De la calcite, des concrétions siliceuses sur les pentes; dans le fond de la vallée, une croûte gypseuse; voilà tout ce qu'il y a aux alentours de Bir Montecer. En chassant les nitrates, j'ai trouvé, près d'un puits à sec, une inscription libyque que personne n'a réussi à lire. Avis aux nouveaux Champollion!

Un plateau bien pauvre en végétation, mais dont le sol est parsemé de bois silicifiés, nous mène jusqu'au bord de la vallée de l'Oued Djeneien, dont la largeur est comparable à celle de la vallée de la Seine. Le lit est constamment à sec, sauf après les forts orages; alors l'eau dépasse parfois le bordj de Djeneien, mais il est bien rare qu'elle atteigne l'Erg. Elle suffit à entretenir un peu d'humidité dans quelques bas-fonds, où l'on peut

cultiver les céréales. Dans une *garaat*, les cavaliers de Djeneien ont récolté, l'an passé, plus de
500 pastèques. Vous voyez que Djeneien mérite
assez bien son nom, qui est un diminutif de *djnan*
et signifie « petit jardin ». Les alluvions cimentées
de l'oued portent une couverture végétale assez
dense que mettent à profit les gens du Nefzaoua et
de la Djefara, lorsque les pâturages deviennent insuf-
fisants chez eux.

Le versant méridional de la vallée est formé par
la tranche du plateau que l'on descend par un raidil-
lon étroit. L'autre rive est enfouie sous les dunes
de l'Erg Djeneien ; j'ai mesuré l'une des plus hautes
dunes : soixante-cinq mètres. C'était déjà un travail que de grimper sur cette colline mouvante,
d'autant que le vent du Sud, le *chehili*, se faisait
sentir d'une manière pénible. La nuit avait encore
été très fraiche (0°), mais au milieu de la journée
le thermomètre indiquait 20° à l'ombre et 34° au
soleil. L'ascension vaut la peine qu'elle donne :
autour d'un bassin, d'une blancheur éblouissante, les dunes acquièrent rapidement une
hauteur notable; leurs longues croupes sont
comme guillochées d'innombrables creux, **tout**
remplis d'ombre sous le soleil levant; entre eux
courent des crêtes courbes, d'orientation un peu
incertaine; il semble bien cependant que ces petites
dunes élémentaires ont une tendance à s'aligner

(222)

du nord-ouest au sud-est, le versant abrupt étant
tourné au nord-est. On en déduit que tout ce
sable vient du grand Erg dont la masse est toute
proche, du côté du sud-ouest. Le bassin situé
au milieu des dunes est le Houdh ech Chebb,
où l'on avait signalé de l'alun; en fait, c'est du
sulfate de soude dont les cristaux transparents et
très efflorescents se transforment promptement à
l'air en une neige immaculée. Les Arabes les connaissent depuis longtemps et s'en servent pour le
tannage des peaux; au fond, c'est la seule utili-
sation pratique, étant donnés la faiblesse du gise-
ment et son éloignement de tout centre.

Le bordj de Djeneien est assis sur la rive droite
de l'oued du même nom, dont le fond est encombré
de petites dunes engendrées par le vent qui remonte l'oued. Quand celui-ci coule, ce qui ne lui
arrive pas souvent, tout le sable est balayé. Le
bordj est un véritable fortin où se réfugieraient, en
cas d'alerte, tous les mokhaznia; en temps ordi-
naire, ceux-ci habitent sous la tente ou dans les
cavernes qu'ils ont creusées dans les berges de
l'oued. Ils doivent se rassembler au premier signal.
Pour m'en donner la démonstration et, en même
temps, pour faire un exercice, sur le coup de deux
heures du matin, le lieutenant Bouvet fit résonner le *tabal*, le tambour de guerre; mais ce dernier
était enroué, et il fallut bien une heure et demie

avant que les cavaliers fussent rassemblés. Le tabal et les gens se ressentaient du coup de chehili — de sirocco, comme disent les Européens — qui nous affligeait depuis trois jours. Pour moi, qui étais traité en pacha et qui habitais la chambre du bordj, je n'ai pas trop souffert, mais les camarades ont été moins bien partagés, ensevelis sous leurs tentes abattues par le vent (sauf Michal, qui avait préféré rester dehors que de recevoir le mât sur la tête). Au jour, le camp était rasé; ce qu'il y a de mieux, c'est que quelques lascars étaient demeurés sous leurs toiles de tente abattues, se disant qu'après tout on était plus sûr ainsi de ne pas les recevoir une seconde fois sur le nez. Le vent et la pluie faisaient rage; rester dehors manquait de charme, mais la porte du bordj était solidement verrouillée; alors le lieutenant Lecocq se mit à prononcer quelques « Sesame, ouvre-toi » sur un mode si catégorique que la porte ne put y résister. Entendant un brouhaha insolite, je me levai en hâte, pensant que c'étaient les Touareg. Heureusement, il n'en était rien.

*   *

A Djeneïen se fit la dislocation; la Mission rentrait par Dehibat, tandis que je remontais directement au Nord, car je devais me rendre à El Haguef, à la demande du général de division. Les adieux

L'ERG DJENEIEN, PRÈS DU MOUDIR ECH CHERG.

furent touchants; on versa des larmes de champagne. Ce n'est pas sans regrets que je quittai de charmants compagnons, dont j'avais pu apprécier les qualités et dont j'avais reçu l'accueil le plus affable.

De Djeneien, je me dirigeai vers Bir Keïra, l'un des puits les plus importants du Dahar. Miracle! l'oued a coulé; il a plu fortement l'avant-veille, aussi un long ruban d'argent serpente-t-il entre les berges sombres de la vallée taillée dans le roc; quelques *djedari*, installés dans les anfractuosités, se couvrent de feuilles vertes et rappellent un peu nos buissons d'épine noire. Là-bas, dans le fond de la vallée, gît le puits, certainement très ancien, auquel on vient d'octroyer une margelle en ciment. Un piton conique le domine, couronné par le marabout vénéré de Sidi Redjouane. C'est une simple *haoula :* un mur semi-circulaire en pierres sèches, ouvert au sud-ouest, tandis qu'au nord-est existe une logette qui abrite une écuelle. Dans la courette, trois grosses jarres, en terre vernissée verdâtre, et, un peu partout, des bouts de chiffons accrochés aux aspérités, offrandes votives des femmes. Khalifat me montre de nombreuses traces de sang; tous les indigènes qui viennent ici doivent égorger un mouton. C'est là évidemment une survivance d'une coutume païenne. Deux religions se sont superposées, la deuxième n'ayant pas entièrement effacé l'autre. Chose curieuse, on constate la même superposition de deux édifices : la haouta est construite au sommet d'un ancien tombeau berbère, d'un *redjem*, qui peut avoir une dizaine de mètres de diamètre et deux de hauteur. Il se pourrait d'ailleurs que le nommé Redjouane fût le citoyen enterré sous ces pierres amoncelées; on lui aurait ultérieurement donné du Sidi pour l'islamiser.

De Bir Keira, je gagne le bord du Dahar, en profitant de larges vallées où la marche est facile; les berges sont dominées par d'énormes rochers qui simulent des ruines; l'un d'eux présente même une singulière apparence de créneaux ou de dents inégalement brisées. Aux défilés se dressent des redoutes rudimentaires, dirigées vers des ennemis venant du Nord. A quelle époque remontent ces murs de défense? Je l'ignore, mais il résulte des dires de mes méharistes qu'ils ont encore servi à une époque récente. Bientôt, je descends dans la Djefara par un de ces oueds décapités dont il a déjà été question précédemment. L'Oued Dahari (celui qui descend du Dahar vers le Sahara) débute ici avec 400 mètres de largeur, presque sans pente; l'Oued Djefari (celui qui a coupé la tête de l'autre) offre, au contraire, une pente très forte (une centaine de mètres sur un kilomètre), ce qui rendrait la descente difficile si les Affaires indigènes n'avaient aménagé un sentier. (Nous rentrons en pays civilisé!) Nulle part n'éclate mieux qu'ici cette lutte perpétuelle des forces de la nature; comme cela arrive souvent, le plus fort (l'Oued Djefari) a abusé de sa puissance pour détourner le plus faible du droit chemin et se l'asservir.

Beaucoup de tentes dans la Djefara. Quelle différence avec 1905 où je n'avais vu personne pendant quinze jours! Partout des champs d'orge dont le vert tendre égaye la grisaille de la plaine. Les gazelles sont nombreuses, mais elles se tiennent à distance respectueuse : à 200 mètres, une gazelle n'est pas plus grosse que le guidon de la carabine, et la balle trouve beaucoup plus de place à côté. Je m'essaye sur la grande outarde, gibier imposant, sinon succulent, mais cet oiseau est encore plus méfiant que la gazelle; j'en ai poursuivi un pendant plusieurs kilomètres sans réussir à l'approcher. Il paraît que je m'y suis mal pris; j'aurais dû pousser devant moi un chameau; ce palladium camélique m'eût assuré la victoire!

De Tataouine je repars dans l'Ouest pour atteindre El Haguef; j'aurais pu m'y rendre directement de Djeneien, mais il aurait fallu faire de fortes provisions d'eau, d'autant que c'est une denrée inconnue à El Haguef (c'était précisément pour cela qu'on m'envoyait dans ce *bled* inhospitalier). C'est un point de passage assez important; les alentours recèlent de bons pâturages à chameaux et il s'agissait de savoir si un puits artésien avait des chances de réussite.

Me voilà donc de nouveau en route pour le Dahar. Je passe par Ghoumrassen, l'un des ksour les plus curieux. La vieille forteresse, perchée sur un rocher difficilement accessible et mis en surplomb par la corrosion des couches inférieures, est complètement abandonnée; la mosquée elle-même tombe en ruines; les habitants logent maintenant sous le rocher qu'entourent beaucoup de rhorfas; dans la vallée, quelques tentes de nomades sont établies à l'ombre d'oliviers magnifiques. Les Ghoumrassen sont des brigands réputés; nulle part il n'y a autant d'assassinats que chez eux. Ils règlent leurs querelles entre eux et n'aiment pas que les officiers des Affaires indigènes s'en mêlent; malheureusement, ceux-ci sont indiscrets et interviennent de temps à autre pour coffrer quelque scélérat.

Les gens de Ghoumrassen jouissaient déjà d'une réputation détestable au début du xiv⁰ siècle, comme le prouve une phrase du cheikh Et Tidjani qui séjourna longtemps chez eux à cette époque. Cet écrivain prétend qu'ils ne sont musulmans que de nom; il rapporte une coutume bien curieuse, relative au culte des morts. Ceux-ci n'étaient pas enterrés, mais placés dans des cavernes creusées dans le roc où on leur donnait une position assise. La légende veut que le fils demeure puissant et considéré tant que le cadavre de son père ne sera pas tombé à terre.

A propos de rites funéraires, il est curieux de citer une observation faite par le commandant Donau à Guelb Oum ed Doud, près de Dehibat. En ce point, par lequel passe la frontière, se voient les ruines d'un petit village berbère, abandonné depuis longtemps par la tribu tunisienne des Mekhalba. Les nomades tripolitains du voisinage l'emploient comme charnier. Il abandonnent les morts dans les maisons dont les portes sont remplacées par des pierres amoncelées trop sommairement pour mettre les corps à l'abri de la dent des hyènes. Il semble que de nouveaux cadavres ont été apportés depuis quelques années. Les Tunisiens attribuent le fait aux Tripolitains qui s'en défendent; notons que ces derniers sont des Cianes, tribu maraboutique. Voilà deux pratiques qui n'ont certainement rien de musulman et dont il serait bien intéressant de retrouver l'origine. Les Ghoumrassen paraissent avoir renoncé au mode de sépulture décrit par Et Tidjani, mais l'autre a persisté.

Après Ghoumrassen, la vallée se resserre en un pittoresque défilé, entaillé dans les calcaires supérieurs du Jurassique; au milieu d'énormes blocs éboulés s'élèvent des palmiers, tandis que d'autres s'accrochent aux versants sur lesquels de minuscules barrages retiennent un peu de terre. Plus loin, une couche argileuse détermine un niveau d'eau et engendre une végétation verdoyante qui contraste avec la teinte rousse des rochers. Puis la vallée s'élargit et se transforme en une plaine doucement mamelonnée où prospèrent quelques jardins. Le sirocco a été tellement pénible que nous arrivons harassés à l'étape. Le lendemain, pas d'eau, contrairement aux prévisions, et nous sommes sûrs de n'en pas trouver pendant les deux jours suivants, ce qui me force à modifier un peu mon itinéraire.

A défaut d'eau, nous rencontrons des vipères à cornes, que la chaleur du printemps a fait sortir. J'étais tranquillement en train d'examiner un rocher, lorsque le lieutenant Chastenet, qui m'accompagnait, m'empoigne par le bras, me ramène en arrière et tire deux coups de revolver sur un ennemi invisible. C'était une superbe vipère à cornes, qui était enroulée sur le rocher même que j'examinais, à 50 centimètres de ma figure, et qui m'examinait, de son côté, avec intérêt, paraît-il. Je ne l'avais pas vue, car sa teinte fauve était exactement la même que celle de la pierre, et les bandes transversales, noir bleuâtre, de la peau se confondaient avec les irrégularités du rocher. Chastenet l'avait proprement coupée en deux (*Allah ibarek fik!*). Le soir, on prit deux autres vipères à cornes près du camp. C'est un animal très commun dans le Nefzaoua, dont il affectionne le sol sableux ; il y cause de fréquents accidents ; sa piqûre est mortelle quand elle n'est pas promptement et énergiquement traitée. Si Cléopâtre a manifesté pour cet ophidien un penchant fatal, je ne partage pas du tout sa manière de voir.

A l'Oued Ghoumrassen succède l'Oued Okahil. La haute crête crétacée, qui borde le Dahar, a été sciée par une rivière offrant une route facile. C'est l'une des voies naturelles menant de la Djefara dans le Sahara ou réciproquement ; toute invasion, toute bande de pillards devaient passer par là. Les Romains étaient trop avisés pour n'en pas tenir compte ; aussi avaient-ils établi des travaux de défense dans cet oued, ainsi que dans une autre vallée analogue, située un peu plus au nord. J'étais curieux de voir le grand barrage de l'Oued Okahil, dont j'avais entendu souvent parler et qui constituait, disait-on, le plus remarquable travail hydraulique de toute la région. Je n'eus pas de peine à me convaincre que sa destination était tout autre. Après mon retour, j'ai eu connaissance d'un travail de Blanchet ; ses conclusions et ses arguments sont identiques aux miens. En ce point, la vallée mesure près d'un kilomètre de largeur ; elle est d'ailleurs très bien délimitée entre des berges fortement inclinées, sur le flanc desquelles grimpe la muraille qui barre la vallée. Cette muraille mesure seulement quelques mètres d'épaisseur à la base; jamais elle n'eût résisté à la poussée de l'eau, si l'oued avait coulé. Les Romains étaient trop bons architectes pour commettre une pareille erreur. Un petit bâtiment interrompt la muraille au fond de la vallée : c'était la maison du gardien du barrage, disaient les descriptions. Singulière idée que de loger ce gardien au fond de l'eau ! En réalité, cette construction est un double corps de garde, entre les deux salles duquel existait une porte. La muraille fait partie de tout un système défensif, connu sous le nom de *limes tripolitanus*, route jalonnée de postes et complétée par des levées de terre ou de pierres, dont on trouve des traces depuis les chotts jusqu'à Leptis magna, en Tripolitaine. Cette « muraille de Chine » protégeait le monde romain contre les incursions des barbares sahariens.

Les extrémités du défilé étaient commandées par deux forteresses. L'une était Ksar Chouline, située au point où l'Oued Ghoumrassen débouche dans la Djefara, donc du côté intérieur de la frontière, en quelque sorte. L'autre était Ksar Ghilane « le château des Ogres », installé à El Haguef, au bord du Sahara, au débouché de la vallée que nous suivons précisément. Ce poste romain possédait une citerne, mais elle servait seulement de réserve;

il devait y avoir quelque part un puits dans les environs. Il a été impossible de le retrouver; peut-être a-t-il été enfoui sous les dunes qui arrivent jusqu'au ksar. Celui-ci a été complètement déblayé par le lieutenant Gombeaud; il est encore assez bien conservé. A l'intérieur d'une épaisse muraille, dessinant un rectangle de 40 mètres sur 30, sont disposées vingt chambres inégales, séparées d'une habitation intérieure par un chemin annulaire. Plusieurs escaliers menaient à une terrasse, peut-être à un premier étage. Une seule ouverture, tournée vers l'orient, permettait de pénétrer dans la forteresse; elle a encore con é son cintre. Une rainure, creusée en arrière, indique l'emplacement d'une herse, tandis que quelques mètres plus loin devait exister une porte que renforçaient, au besoin, deux poutres disposées horizontalement et dont on voit encore les logements. Sur les deux côtés du couloir, les murs sont percés de sortes de meurtrières. Ce fortin est construit sur un piton isolé, d'une trentaine de mètres d'élévation; il semble avoir eu une enceinte extérieure dont on distingue des restes. Les ruines d'un petit édifice subsistent sur un éperon du mamelon. Comme on le voit, Ksar Ghilane était une forteresse imposante. Une inscription nous apprend qu'elle fut édifiée sous le règne de Commode, c'est-à-dire entre 180 et 192; d'autre part, quelques débris de monnaies prouvent qu'elle était encore occupée en 314. Une stèle nous fait encore savoir que la garnison était fournie par la IIIe légion. El Haguef était le poste romain le plus avancé du Dahar ; il commandait la piste qui menait vers Tataouine et Medenine, ainsi que la piste du Sud, se dirigeant vers Ghadames. Toutefois, l'absence de ruines dans cette dernière direction autorise à penser que les communications habituelles avec Ghadames ne devaient pas avoir lieu de ce côté.

El Haguef est à une centaine de kilomètres au sud de Kebilli, centre administratif du Nefzaoua, par lequel devait s'effectuer mon retour. Le lieutenant Coudert avait eu l'amabilité de venir à ma rencontre. En deux étapes, nous gagnons Douz, dont le bordj n'est plus occupé que par quelques méharistes. Triste pays, dans l'ensemble, très plat, sauf quelques vagues éminences laissant percer des bancs calcaires à travers le sable qui les engloutit. Le sable, ne trouvant presque pas d'obstacles pour s'y accrocher, s'étale en dunes basses, présentant une forme typique en croissant. Il y a bien quelques bandes de dunes plus accentuées, mais c'est l'exception. Comme le sable est peu épais, il recèle peu d'eau, et la végétation s'en ressent, au point de disparaître. Le second jour, le sable finit par céder la place à un sol gypseux, souvent un fond de chott, où la végétation n'est pas plus abondante.

Nous atteignons ainsi Douz, l'une des principales oasis du Nefzaoua, singulier pays tout diapré d'innombrables oasis (les statisticiens impitoyables prétendent qu'il y en a mille et trois), où les dunes blondes alternent avec les chotts poudrés de sels. Depuis longtemps, les Arabes l'ont comparé à une peau de panthère dont les palmeraies représenteraient les taches sombres, semées sur le pelage fauve du sol. Une infinité de sources artésiennes ramènent à la surface l'eau d'une nappe captive et y déversent la fécondité. Autour de ces sources, le sable s'est peu à peu amoncelé, et l'eau émerge au sommet d'un cône, à tel point qu'on a pu comparer ces sources à des « volcans d'eau ». Rien n'est plus curieux que ces bouquets de palmiers, parfois denses et serrés, parfois clairsemés et peu nombreux, qui mettent une note gaie dans la tristesse du paysage; de loin, ils semblent comme suspendus en l'air. Quand on va de Douz à Kebilli, on en aperçoit jusqu'à une trentaine à la fois, séparés par des espaces presque entièrement stériles où chameaux et moutons ont peine à trouver une maigre pâture.

Douz possède une seule source, encore est-elle assez modeste, mais l'eau existe partout à faible profondeur, et de nombreux puits vont la chercher. D'ailleurs, les indigènes ont trouvé plus pratique

de planter leurs palmiers au niveau de l'eau. Comme
à El Oued, il creusent leurs jardins jusqu'au niveau
aquifère, ce qui n'est pas une mince besogne; de la
sorte, les palmiers ont moins besoin d'être arrosés.
Seulement, il ne fait pas bon de circuler la nuit à
travers Douz, car on risque à chaque instant de
tomber dans un puits à découvert ou dans une
khout, un trou de cinq à dix mètres de profondeur.
D'autres palmiers ont crû sur la dune, mais ils ne
forment pas une *ghaba*, une forêt, comme à Kebilli
ou à Tozeur. Il y a de l'air, du ciel, entre eux : leurs
troncs élancés ou tordus encadrent de façon charmante quelque maison rustique ou quelque koubba.

Je m'en voudrais d'oublier les beaux résultats
obtenus, ces dernières années, grâce à un forage
artésien, qui débite environ 800 litres à la minute et
qui a permis de créer 35 ou 40 hectares de jardins
nouveaux. C'est une joie pour les yeux de voir une
eau limpide couler à flots; les indigènes ne sont
point insensibles à ce plaisir et ils apprécient la
valeur de notre œuvre. Ils demandent qu'on fore
des puits partout. « Tu n'as qu'à penser, me disait
le khalifat de Douz, et nous ferons le travail. » Le
malheur est que toute chose a une limite, et peut-
être ne sommes-nous pas très loin de cette limite.

Les Mérazig, qui habitent Douz, sont de grands
nomades; sur un millier d'hommes que compte
l'agglomération, il y en a bien la moitié en route.

L'OUED KCIRA. L'OUED A COULÉ!

LA SOURCE DE BAZMA.

JARDIN DE L'ANCIEN CAÏD DE KEBILLI.

Ce sont des Arabes, mais beaucoup de nègres se mêlent à eux.

Au début de notre occupation, Douz fut la capitale du Nefzaoua; il a précédé Kebilli. Un vaste bordj était occupé par une compagnie de discipline, qui a construit l'édifice sur les plans du génie, et un peloton de spahis. Désormais, il est gardé seulement par une douzaine de méharistes, commandés par un bach-chaouch, mais les officiers de Kebilli y viennent souvent.

En quittant Douz, je laisse à gauche l'oasis d'El Galaa, si curieusement perchée sur une colline, et je gagne Djemna par la route, car il y a une route. En chemin, je m'arrête pour photographier Mathouthia, minuscule oasis qui ne compte peut-être pas vingt palmiers, groupés sur une petite butte. Les abords de Djemna sont complètement nus; on compterait les brins d'herbe. Des maisons carrées, à toits plats, occupent le pied de la colline; d'autres essaiment au milieu des palmiers. La source offre un coup d'œil délicieux : dans la vasque d'émeraude se mirent les aigrettes d'immenses palmiers, qui donnent une ombre discrète à des figuiers, des grenadiers, des treilles, des pistachiers, des oliviers; au pied de ces arbres, la terre est revêtue d'un tapis vert d'orge ou de luzerne. Ce site enchanteur est, hélas! un point des plus fiévreux du Sud.

Avec des proportions plus réduites, Rahmat n'est

pas moins gracieuse. Les grenouilles y sont d'ailleurs beaucoup plus nombreuses que les habitants ; jamais je n'avais entendu pareil concert ! A Bazma, nous nous réjouissons de voir une petite rivière qui sort du puits artésien. Si l'ancienne source est plus pittoresque, ce fruit de l'industrie humaine n'est pas moins précieux ; partout, des gens travaillent à aménager les nouveaux jardins ; le terrain est encore un peu salé, mais, dans deux ou trois ans, quelles récoltes il donnera !

A Kebilli, je ne me reconnais plus ! Quelle transformation depuis dix ans ! Je ne sais si aucun point de Tunisie a progressé de la sorte. J'ai le plaisir d'être reçu (de quelle façon charmante !) par le principal auteur de ces transformations, le capitaine Jeangérard, le « roi du moellon », disent les camarades. L'ancien bordj Philibert est remplacé par des constructions qui ont fort bon air. En bordure d'une grande place, plantée d'eucalyptus et de palmiers, s'alignent les bureaux des Affaires indigènes ; à l'opposé a été édifié un souk, un marché où se traitent des opérations importantes (plus de 300 000 francs par an) ; de part et d'autre, la poste et des maisons particulières. Plus loin est un bordj où la troupe et les officiers trouveront un asile convenable. C'est bien le moins qu'on loge de façon acceptable les malheureux qui vivent dans cette fournaise : cet été, la température a dépassé 51° à l'ombre! A Souk el Baiaz, ils seront moins exposés aux atteintes de la fièvre qui règne à l'état endémique dans l'oasis. Des avenues s'ébauchent, bordées de palmiers. Les eucalyptus de la maison de commandement sont maintenant de grands arbres, qui jettent une ombre délicieuse sur la source du jardin. Plus loin sont les grandes sources, qui débitent 5 à 6000 litres à la minute, une vraie rivière. Lors de mon passage, on était en train de les curer; des nègres piétinaient dans l'eau, aux accents d'une *nouba* qui excitait leur ardeur au travail, mais dont le charme mélodique est médiocre pour des oreilles européennes.

L'oasis de Kebilli est comparable à celle de Tozeur, quoique plus petite et peut-être un peu moins belle. Les jardins de l'ancien caïd Hamadi comptent parmi les plus remarquables; on y voit presque tous les arbres susceptibles de réussir là-bas. « Ce que le burnous a dû suer pour arriver à ce résultat! » disent les mauvaises langues. L'oasis de Kebilli seule compte environ 80000 palmiers, dont le quart est assujetti à l'impôt; pour l'ensemble des grandes oasis du Nefzaoua, c'est à plus de 500000 qu'il faut évaluer le nombre des palmiers. Le capitaine Jean-gérard a eu la patience d'en relever quatre-vingt-quatre variétés, de valeur très diverse. Les *deglat en nour* sont encore en quantité restreinte, mais leur nombre s'accroit peu à peu ; les anciens arbres sont progressivement remplacés par des rejetons de cette variété, qui donne des fruits universellement appréciés. Ces derniers sont encore surpassés en qualité par une variété, le *menakher*, qui est malheureusement très rare. Le prix atteint 50 francs les 100 kilogrammes sur place, tandis que les deglat ne dépassent pas 30 francs et que beaucoup de dattes communes se vendent de 5 à 10 francs les 100 kilogrammes. Il y a là un champ d'exploitation qui demeure ouvert.

Les sept puits artésiens de Kebilli vont accroître très notablement l'étendue et la valeur de l'oasis ; de nouveaux jardins sont déjà plantés ; d'autres se dessinent. C'est une conquête faite sur une terre stérile, en apparence, mais à laquelle ne manquait qu'une chose : l'eau. Me sera-t-il permis de rappeler ici que j'avais indiqué autrefois combien probable était la réussite de puits artésiens au sud du Tebaga, spécialement à Kébilli? Toutefois, c'est au colonel Pujat que revient le mérite de les avoir fait exécuter. Les beaux résultats qu'il avait obtenus à Touggourt, l'avaient engagé à entreprendre des travaux analogues au Nefzaoua. Il avait formé un autre projet : celui de créer une autrucherie. Lorsque vint l'heure de la retraite, il ne put se résoudre à quitter ce pays qu'il avait si bien administré. Désormais, il a réalisé son rêve.

LE MALE ET LA FEMELLE EN TRAIN DE COUVER.

AUTRUCHONS D'UN MOIS.

On l'a vu, l'autruche a disparu du Sud tunisien à une époque très récente ; il ne doit pas être difficile de l'y réintroduire. De cette idée est née l'autrucherie tunisienne. En l'absence du colonel Pujat, son associé, M. de Franqueville, me fait aimablement visiter l'autrucherie qui s'est installée dans l'ancien bordj désaffecté. Les autruches sont enfermées dans des parcs ayant, en moyenne, vingt-cinq mètres de côté, limités par des levées de terre, surmontées elle-mêmes de djerid, de feuilles de palmiers qui atteignent 2 m. 50 environ. Une forte porte en bois interrompt la palissade. Il y a une quinzaine de parcs contenant généralement un couple, bien que quelques mâles aient deux femelles. Celles-ci sont d'un gris brunâtre uniforme, tandis que les mâles sont noirs, sauf la queue et le bout des ailes qui portent les plumes blanches si appréciées. Avec leurs cuisses et leur cou déplumés, ils ont un aspect cocasse ; on dirait qu'ils ont mis une pèlerine noire pour cacher leur nudité. A l'époque des amours, le cou des mâles devient tout rouge. Lors de mon passage, il y avait vingt-huit autruches adultes provenant du Caire, dix-sept autruchons d'un an et trente-cinq petits d'un à trois mois. Ces derniers sont gris brun, comme les femelles ; leur dos est couvert d'aspérités qui ressemblent plus à des piquants de hérisson qu'à des plumes d'autruche. A un mois, ils ont la taille

(241)

d'un fort poulet ; à trois mois, ils sont grands comme une oie ; à un an, ils mesurent un mètre de hauteur ; tous sont encore de même couleur.

Dans un parc, un couple est en train de couver ; le mâle est aussi occupé que la femelle, qui demeure immobile, le cou collé à terre ; des œufs sont en promenade sur le sol. La femelle pond, en effet, plus d'œufs qu'elle n'en peut couver, une trentaine ; on lui en laisse la moitié et on porte les autres dans les couveuses artificielles où on maintient une température de 39° à 40°. L'incubation dure de 42 à 45 jours ; lors de ma visite, il y avait plus de cent œufs dans les couveuses. Le résultat est un peu variable, généralement moins bon que l'incubation naturelle. On nourrit les autruches avec de la luzerne, des fèves et du maïs, que fournit une exploitation agricole annexée à l'autrucherie. L'élevage ne va pas sans difficultés ; plusieurs grandes autruches sont mortes de chaleur, mais le principal inconvénient est la facilité avec laquelle les autruchons se cassent les pattes. Pour les fortifier, on leur fait prendre du glycéro-phosphate de chaux ! Tous les jours, ils ont café et pousse-café (rhum), pour stimuler l'appétit. Comme ce régime est échauffant, on leur administre ensuite une cuillerée d'huile que ces bipèdes emplumés acceptent très bien.

Au total, l'autrucherie tunisienne présente une

tentative intéressante pour accroître les richesses du Sud tunisien. Elle est encore à ses débuts, aussi ne peut-on pas bien juger les résultats ; mais, à tous égards, elle mérite de réussir.

*
* *

A Kebilli se terminait ma mission. Pour remonter à Tunis, le plus simple était de gagner Gafsa et de prendre le train. J'avais songé à traverser le chott par la piste d'El Oudiane et Tozeur, mais je dus y renoncer ; en effet, la piste disparaissait sous une couche d'eau d'un demi-mètre. De l'eau dans le chott, je n'avais jamais vu cela et je n'aurais pas été éloigné de tenter la traversée par là, mais mon cavalier ne fut pas du même avis. Il finit par me convaincre que les chameaux n'arriveraient pas au bord, que la réflexion du soleil sur l'eau les aveuglerait, leur ferait tourner la tête, qu'ils glisseraient et tomberaient certainement. Je voulais bien risquer un bain, mais je ne pouvais exposer mes plaques et mes collections à semblable aventure, aussi me décidai-je à prendre la piste directe de Gafsa, le *Trik Mercoussa*.

Au départ de Kebilli, la route est charmante, aussi bien par Telmine que par Mannsoura. Comme je connais Telmine, ses ruines et son lac, je prends par Mannsoura, dont la grande source attire l'objectif autant qu'elle séduit les yeux. Près de

Mennchia, nous retrouvons les *foggaguir*, les canalisations souterraines qui vont chercher dans la montagne l'eau nécessaire à El Goléa. Mennchia est de l'autre côté de la crête du Tebaga, ce qui est un désavantage, étant donnée la constitution du sol ; aussi l'oasis souffre-t-elle de la sécheresse ; les grandes galeries creusées par les habitants sont presque à sec. Le site est d'ailleurs joli : à travers de hauts palmiers apparaissent les deux grosses koubbas de Siadi Hamidat père et fils, puis le mamelon auquel le village est accolé. Je passe la nuit chez le cheikh, qui ressemble étonnamment à Edouard VII. Ce cheikh est un civilisé, il a des assiettes émaillées, des couverts, des couteaux. Il coupe une omelette en deux, m'en offre la moitié et prend l'autre ; quand j'ai mangé ma part, il m'offre poliment ce qui reste dans son assiette ! Je ne sais comment le remercier. Puis vient un poulet en ragoût et l'obligatoire couscous au beurre rance ; chose extraordinaire, il ne vous emporte pas la bouche. On voit bien que le cheikh s'est frotté aux Européens. Des dattes avec du lait terminent ce festin pantagruélique. Le cheikh a des éructations à renverser la maison ; je ne sais pas si bien manifester la satisfaction de mon estomac, ainsi que le voudrait la civilité arabe ; tout de même, comme j'ai des manières, je lui réponds par quelques *Elhamdoulla* bien sentis.

LA 233ᵉ ET DERNIÈRE BORNE FRONTIÈRE.

UN CHARGÉ DE CONFÉRENCES AU SAHARA.

Le lendemain, dernière étape. A cheval, de 3 heures trois quarts du matin à 8 heures et demie du soir, avec quelques arrêts seulement. Ouf! Traversée du chott, toujours curieuse; assez réduite par cette piste, car on parcourt d'abord le Bled Faraoun, où subsistent quelques troncs de palmiers calcinés. On coupe ensuite la puissante chaîne du Djebel el Asker, qui borde le chott au nord ; une piste, qui fait le plus grand honneur à son auteur, le lieutenant Sajous, facilite singulièrement la montée. La descente s'effectue par un défilé sauvage qui serait effrayant si on ne connaissait la sûreté de pied des chevaux du pays. Les ruines de deux fortins romains subsistent aux extrémités du chemin traversant la chaîne. Au nord de celle-ci s'étale une plaine, le Bled es Segui, couverte de céréales et toute diaprée de fleurs (un vrai tapis de Kairouan dont le fond serait vert).

Nous coupons ensuite le Djebel el Atra aux crêtes bizarrement dentées, puis un pays mollement ondulé qui semble indéfini. Le sol est couvert d'une plante ressemblant au fenouil et qui intrigue fort mon cavalier, car il ne l'a jamais vue au Nefzaoua ; il part donc interroger un berger. Celui-ci lui répond que c'est du *deries*, plante qui fait mourir les moutons et les chameaux. Comme elle est commune ici, on a donné le nom de *Trik Deriesia* à la piste que nous suivons. Mon cavalier n'est pas convaincu ; il croit que le berger se moque de lui. Ni l'un ni l'autre ne se doutent que cette plante a joué un rôle capital dans les relations économiques de l'antiquité. Ce serait à elle, plus qu'aux céréales, que la Cyrénaïque aurait dû sa richesse ; on l'exportait dans tout le monde antique. Cyrène avait mis son image sur ses monnaies, comme elle le faisait pour les divinités. Cette plante, qui décimait les chameaux des armées assaillantes, c'est le fameux *silphium*, qui forme maintenant des champs inutilisés à quelques kilomètres de Gafsa. Voilà une industrie à relancer, qui fera pâlir celle des phosphates ! Et personne, je crois bien, ne s'en est douté ! Cela valait le poids de l'or, il y a deux mille ans...

Bien que je ne me sois pas arrêté à couper une fortune, il est nuit noire lorsque j'arrive à Gafsa où je rejoins la ligne ferrée, destinée à exploiter les gisements de phosphate qui ont été découverts par mon glorieux et modeste prédécesseur, Philippe Thomas.

.·.

Si, maintenant, nous jetons un coup d'œil sur l'avenir économique des pays que nous venons de parcourir, nous noterons qu'il importe de faire une distinction. Nous avons vu que le Nefzaoua est en plein développement ; il y a encore quelque chose à faire de ce côté. Dans la Djefara, la surface cultivée ne pourra que s'accroître, mais je ne pense pas que des colons aient avantage à venir s'y installer. En tout cas, ils n'ont rien à faire dans l'immense pays qui s'étend de Dehibat à Ghadames. Le sol ne produit rien et ne peut presque rien produire. Les nomades y mènent paître leurs troupeaux, mais eux-mêmes ne peuvent vivre avec les ressources du pays ; il leur faut acheter ailleurs des grains et des dattes. Au point de vue minéral, l'avenir ne m'apparaît pas plus brillant ; il n'y a rien à espérer de ce côté.

Néanmoins, nous serons amenés forcément à occuper ce pays ; un poste indigène a déjà été installé à Mechiguig ; tôt ou tard, on en créera un autre plus loin. Acceptons cette nécessité, mais réduisons au minimum les frais d'occupation. Celle-ci n'a qu'un but, le même qui a entraîné la délimitation de frontière : assurer la tranquillité du pays et protéger les contrées plus favorisées qui se trouvent au nord des chotts. Ainsi la Tunisie poursuivra sans arrêt le magnifique essor économique auquel nous assistons depuis une vingtaine d'années.

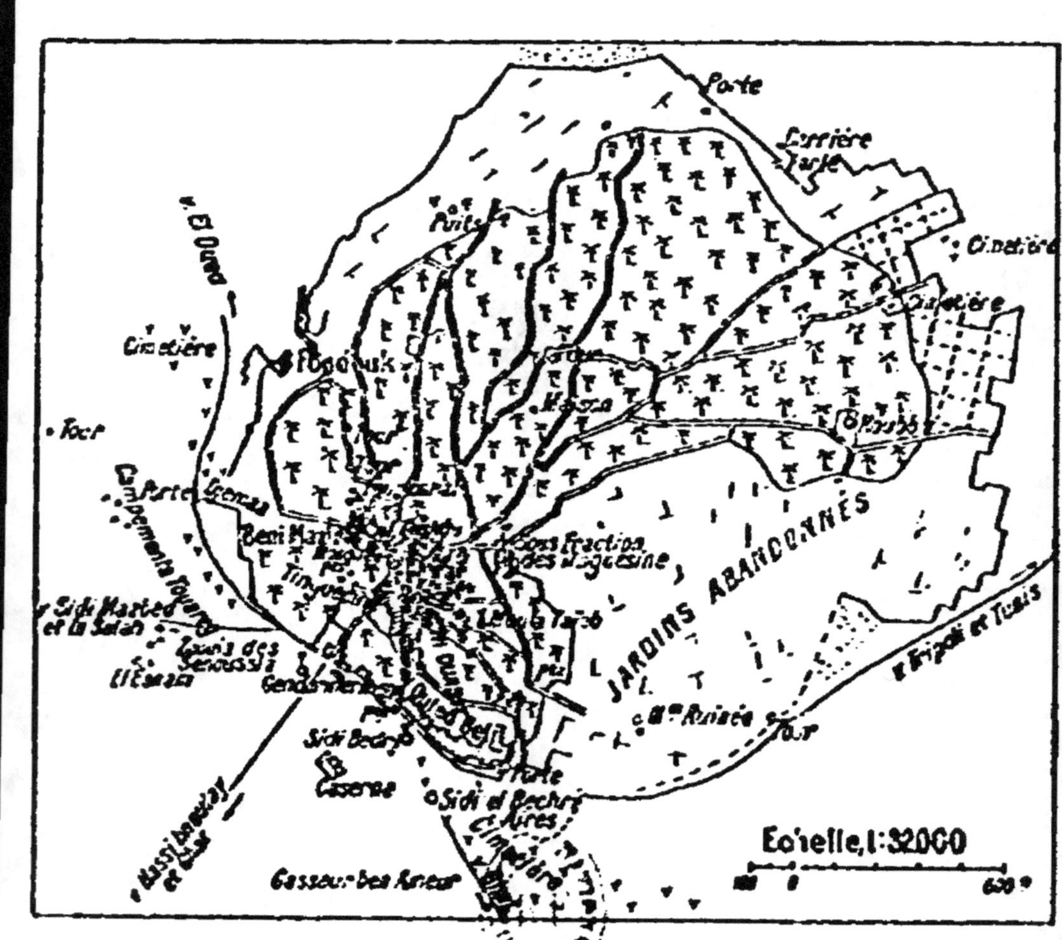

GHADAMES ET SES ENVIRONS.

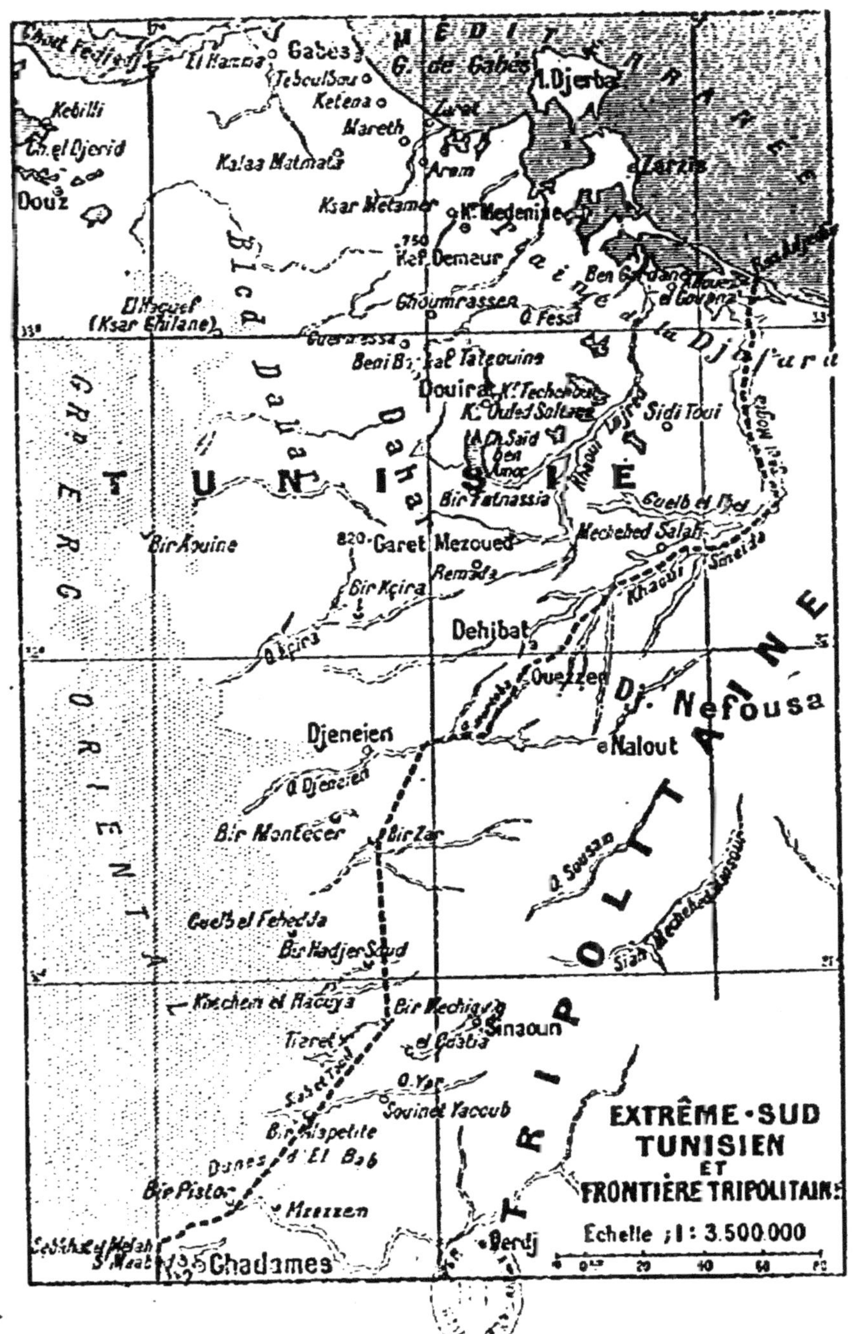

Chott Fedjedj
El Hamma
Gabès
G. de Gabès
MÉDITERRANÉE
Kebilli
Teboulbou
I. Djerba
Ketena
Zarat
Ch. el Djerid
Mareth
Zarzis
Douz
Arem
Kalaa Matmata
Ksar Metameur
K. Medenine
750
Kef Demeur
Ben Gardane
Mares el Gouana
Ras Adjir
El Hacuef
Ghoumrassen
O. Fessi
(Ksar Ghilane)
Plaine de la Djefara
Guermassa
Beni Bir Zal Tataouine
Douirat K. Techebou
GRAND
Daha
K. Ouled Soltane
Sidi Toui
A. Ch. Said
Oglet Djir
Ben
TUNISIE
Aoud
Guelb el Bod
Bir Tatnassia
DAHA
820 Garet Mezoued
Mechebed Salah
Bir Aouine
Remada
Khaoui Sneida
Bir Kçira
O. Kçira
Dehibat
Ouezzen
Dj. Nefousa
Djeneien
Nalout
O. Djeneien
Bir Montecer
Bir Zar
Guelb el Fehedja
O. Sousan
TRIPOLITAINE
Bir Hadjer Soud
Kuechem el Hacuya
Bir Rechig
Mechebed Mansour
Sinaoun
Tiaret
el Gasba
Sidi
O. Yor
ORIENTAL
Sovinet Yaccub
EXTRÊME-SUD
Bir Kispetite
TUNISIEN
Dunes d'El Bab
ET
Bir Pistor
Mrezzen
FRONTIÈRE TRIPOLITAINE
Casbha el Melah
Echelle ;1: 3.500.000
S. Meat
Ghadames
Berdj
0   20   40   60

TABLE DES GRAVURES

TABLE DES GRAVURES.

TABLE DES MATIÈRES

IMPRIMERIE SCHMIDT, PARIS-MONTROUGE.